骈拇：人类为何如此多事

《庄子》一书，常有新论、险论、怪论、『陡峭』之论出现，如雄鹰高飞，如海潮涌起，如悬崖矗立。初读，你会一怔，有点匪夷所思。想一想，不无道理，绝了，亏他想得出，你还真驳不倒他！再想一想，觉得他老说得太绝对太故意抬杠了，你想和他辩论，终又觉得像他这样，能与众不同地、富有挑战性地提出与讨论问题的人是太了不起了，你应该歌之咏之，舞之蹈之，为他的思想的奇葩而赞颂欢呼。

就拿外篇首章《骈拇》来说，它抨击儒学，抨击仁义道德，将一切专业、专长乃至社会分工视为节外生枝、画蛇添足、自找麻烦。其立论横扫千军如卷席，其辩才刀光剑影如入无人之境。归结到一点，仍然是自然，是大道，是本性，是人的精神上的自由与逍遥。如果没有认真阅读过，枉为中华学子了！

一般认为，《庄子》的内篇是比较靠得住的庄周作品，外篇、杂篇则多半不是出自庄周本人之手，而是弟子后学所撰。是的，外篇十五章与杂篇十一章从结构与衔接上看似不如内篇七章严谨纯正，但精彩之论，动人之语，仍然是龙飞凤舞，美不胜收，值得翻阅，值得研究，值得与之共舞，享受它们的文字与思想。

一　仁义道德的规范与说教，当真是这样多余吗

骈拇枝指，出乎性哉！而侈于德。附赘县疣，出乎形哉！而侈于性。多方乎仁义而用之者，列于五藏哉！而非道德之正也。是故骈于足者，连无用之肉也；枝于手者，树无用之指也；多方骈枝于五藏之情者，淫僻于仁义之行，而多方于聪明之用也。

有人足趾大拇哥与二拇趾连到一起，有人手上长出第六根指头，你说这是自然而然地长出来的吧，它不符合常规正道。有人长疣子，长悬挂在身上的肉瘤，你说这是身体、体表自行生长出来的吧，它们却又显得那么多余累赘。有人喋喋不休地强调仁义（礼智信）的作用，并将之比附于五脏，但这并不是道德的正宗与根本。为什么说这些东西不是正宗根本呢？就像脚趾头连在一块儿了，反倒没法使用了。手指头多出一个六指，也是无用的废物。在正宗的道德、自然的情理道理之外，在正宗的五脏六腑之外附加上生硬勉强的仁义行为规范的解释，应该说这是额外的瞎忽悠，是滥用聪明，画蛇添足，庸人自扰。

庄子提出的这个问题十分有趣。原因是既然老庄都主张道法自然，主张一切的一切都是道的下载，都是天的作品，都是天的无为而无不为，都是自然而然运动作用的结果，那么，那些非自然、反自然、非道、背道而驰、逆天、忤天、天谴、伤天害理的人和事，那些荒谬绝伦的主张和异端邪说、现象和事件，又是从哪儿来的呢？

我个人早就苦苦地思考这个问题。二三十年前有一阵子，在大反了一段人性论，视人性为不共戴天之敌之后，人性之说在我们这里大行其道，似乎只要具备了人性，世界就变成了天国乐园。我们把什么好事都归功于人性，我们创造了『人性美』一说，美哉人性是也。那么，那些反人性、灭绝人性、反人类、与人类为敌的人、事、理论、邪教、黑帮，历史上、生活中那些黑暗的篇章又是从哪儿来的呢？它们是妖魔鬼怪吗？如果是，那就变成了二元论，等于承

认，道以外还有非道、反道、独立于大道之外的世界与本原存在，自然以外还有脱离开自然的另一个非自然的自然（即妖魔鬼怪的自然）与反自然的自然（即自然的自我毁灭程序）存在。也就是说，天以外还有一个与此天作对，与此天不相为谋而且针锋相对的另一个天存在，如黄巾起义者所言『苍天已死，黄天当立』。那么，世界上注定了充满血腥的斗争，谁也没有办法。

这也就像俄罗斯芭蕾舞剧《天鹅湖》的女主角是白天鹅，乃出现了一个对立面黑天鹅一样。二〇〇四年我访问俄罗斯的时候，甚至于看到了新的舞剧版本：黑天鹅硬是要下套，她的邪恶性感使王子迷惑了，王子落入了黑天鹅的圈套。苦苦地挣扎着的白天鹅的形象并没有能够唤醒王子，厄运降临在白天鹅身上。这段舞剧相当刺激，令人心情久久不欢。

然而也可以有另一种思路，老子已经指出，道的特点之一是反，是包含着、纠结着自己的反面，会转化为自己的反面。而《庄子》内篇中也天才地指出，生与死其实是一回事，叫做无为头，生为脊，死为尻，死生存亡是一体的（《大宗师》）。这就是说，道本身包含着道的对立面，包含着非道、反道、背道而驰的可能与现实。自然包含着自然的对立面即自然的敌人，包含着对于自然的破坏性、颠覆性、毁灭性因素与程序。天道、天意、天威、天命当中包含着逆天、欺天、伤天害理的因子。同样，道德当中包含着罪恶的因素，如非道德、反道德、伪道德、伪君子以及在道德的名义下大言欺世，你争我夺，互相攻击的事实与可能。礼法当中包含着毁灭礼法的因素：礼法变成空论，变成名不符实，变成虚与委蛇，变成莫大骗局等等。

也就是说，有了苍天，就必然有黄天或昏天（黑地）。有了白天鹅，就必然有黑天鹅或其他颜色的天鹅。有了五

个脚趾的正常分岔，就必然有个别人两三个脚趾连结在一起，分不开岔。有了正常的五指，就必然有多出或少出一个或更多的岔的异态。有了光滑完整的皮肤，就必然有各种变态病态：附赘悬疣，还有更普遍的有时未必被认为是病变的青春痘、神经皮炎、牛皮癣、紫癜、白癜。它们的出现是必然的，也是病态的。病态出于自然和必然，同时自然和必然又要求矫治病态。再从另一个角度来说，要求绝对地全无病态，这才是病态，这孕育着比时有病态更大的风险。例如，传媒上一片漆黑，固然是病态，传媒上只有『烈火烹油，鲜花着锦』，恐怕也是病态，其危险性不亚于一片漆黑。

以人来说，遗传基因会发生变异，正常的细胞存在的同时会有病态的细胞乃至于癌细胞出现。一方面，生理的正常发展、发育、繁殖造就了人体或生命的正常模式；另一方面，从受精卵到生命的每一个过程，每一段发展，以及从出生到长大到老死，每一天每一刻都存在着变异、走向反面、病态化、恶性化的可能。也许应该说，健康与病态就像生与死一样地紧紧相依，实为一体，细胞的分裂既是生长也是老化更是死亡，生理过程的另一面就是病理，营养的另一面就是废物与毒素，手指、脚趾的另一面就是骈趾与枝指，完整光滑的皮肤的另一面就是附赘悬疣。自然的另一面是非自然、反自然，大道的另一面是非道、反道，天的另一面是逆天违时，倒行逆施。只有包含着自己的对立面的存在，才是全面的平衡的与可靠的存在。只有能够包容、化解、克服、吸收，也包括某些情况下能够抵御自己的对立面的存在才是有生命力的存在。

人性的问题也是同样，有人性美、人性善，就有人性丑、人性恶，自古以来关于性恶性善的争论都是各执一词。人性中有平和就有暴烈，平和的人并不是绝对地不会暴烈，而是不轻易暴烈，能控制自身，有足够的文化教养控制自

己的暴烈。人性中有爱恋就有忿恨，佛家讲得好：『爱欲生嗔怨，嗔怨生烦恼。』如果不能克制嗔怨，培植与爱惜爱恋谁和谁也生活不到一起。说自私是本性吗？其实人的本性中也包含着助人为乐，包含着利他的高尚化倾向。人性也罢，天道也罢，自然也罢，人世也罢，并不是单行线，不是只有一个方向，你可以有所选择，有所摒弃，你可以从中判断何者为正，何者为反，何者为健康，何者为病态，你可以致力于将人性、天道、自然引向一定的方向而避免相反的方向，却不能够断定它只能是一个你所希望你所喜欢的独向单行线。

可惜，庄子与老子部分地达到了这样一种对于天、自然、道的认识，却又常常停留在绝对的自然、天道之上，他们倾向于将天道与人道对立起来，是天而非人，从而不能正确地分析、解剖、使用『人之道』，解决人类文化的必要性、积极性与负面发展的可能性悖论。

至于将儒家的仁义道德视为六指或足趾粘连不分的淫僻：自找麻烦，画蛇添足，脱裤子放屁，违背天性，无事生非……则有它另类的尖锐与激烈。树规范还是依人性？人类一直是在这样的悖论中生活与发展的。

> 是故骈于明者，乱五色，淫文章，青黄黼黻之煌煌非乎？而离朱是已。多于聪者，乱五声，淫六律，金石丝竹黄钟大吕之声非乎？而师旷是已。枝于仁者，擢德塞性以收名声，使天下簧鼓以奉不及之法非乎？而曾、史是已。

于是乎有了骈于明者，即目光超级明利之人，他们沉醉于五颜六色，痴迷于花纹图案，用颜色鲜艳的服装耀人眼目，这不就是离朱之流吗？比旁人听觉更发达的人，沉醉于五声的起伏，痴迷于六律的变化，造出金石丝竹等不同质地的乐器和黄钟大吕等多种多样的曲调，闹腾起来没完没了，这就是师旷之类的人干的活计。画蛇添足、节外生枝地搞仁

字当头的人呢，人为地拔高德行，生硬地堵塞天性，借以沽名钓誉，把本应该由个人的良心负责与监督的道德自律高调化、表演化，让天下人都吹吹打打地去奉行那些自己和旁人都难以做到的仁义道德。这样的人就有曾参和史鳍之流。

这一段议论对于中华传统文化来说，相当新奇。中国本来是最讲究泛道德论的，『天下唯有德者居之』（《礼记·中庸》），以德治国，修身是学习的根本，德才兼备，德在首位……这样的观念，上下已经数千年。甚至两性关系，都是要道德挂帅。泛道德论有它的力量，也有它的煽情性。皇帝可以以之要求愚忠愚孝，人民也可以以之造无道昏君的反。即使你坚决主张自由恋爱，听戏听到《秦香莲》韩琦杀庙，『秦香莲手捧钢刀去喊冤，紧接着钢刀怒铡陈世美，人人敬佩秦香莲』，你也会起共鸣，更不要说各种忠臣戏了。

偏偏庄子指出了泛道德论可能的虚伪性与非操作性。『枝于仁者』，即节外生枝，把仁义道德变成外加的教条和规范。『擢德』，即拔高道德名声，将其理想化，如推举孝廉做官，导致孝与廉变成登龙升官捷径，其实孝廉虽好，不等于能胜任公共管理。『塞性』，即矫情，堵塞天性，中国的封建社会里，这方面的记录堪称骇人听闻，如荼毒女性的节烈『道德』。『以收名声』『使天下簧鼓以奉不及之法』，即最后使道德说教变成高调伪善，还闹腾得鸡飞狗跳。关于这方面，读读明清小说就明白了。以德治国好是好，提倡德行是必要的，但必须首先是依法治国，是法制国家。文化文化，在文化中道德很重要，但同时必须辅以理性、法制、制度、以人为本的原则。现在读《庄子》，我们有可能更感到庄子的可贵，虽然还远远不够。

> 骈于辩者，累瓦结绳窜句，游心于坚白同异之间，而敝跬誉无用之言非乎？而杨、墨是已。故此皆多骈旁枝之道，

非天下之至正也。

多言诡辩的自作聪明者，他们堆砌词藻，像是在把瓦片叠个老高；他们罗列观点，像是把绳索系上死扣，疙里疙瘩；他们任意窜改命题，歪曲文句；他们玩弄什么坚不是白呀、同不是异呀之类的毫无意义的诡辩，声嘶力竭地自吹自擂，逞一时口舌之锐利，进行抽象无益的名词帽子之争，这不就是杨朱、墨翟等人的勾当吗？这些说起来就好比是人们的连趾、六指、附赘、悬疣，不是真正的正道啊。

这里以杨墨为典型所作的批评，用今天的语言来说，是在批判一种歪曲的学风：空谈、诡辩、累瓦（堆积名词）、结绳（疙里疙瘩）、窜句（窜改文句）。这样的学风我们也不是没见过，毋宁说身边就有。

庄子——某种意义上老子也是一样，他们主张天道、自然、大道，这当然很好，但是他们看多了世人特别是那些自以为是的能人、大人物、有大志之人的愚蠢与蛮横，他们干脆否定人为的一切与文化的全部。其实，人既然是自然的作品、大道的下载、天地的所生，人的一切好与坏、智与蠢、道与非道，也都是天、道、自然的运作的一个组成部分，人不一定等同于天、道、自然，但人也不可能完全脱离开天道的运行，人不一定注定成为天、道、自然的敌对力量。人既然需要自然，那么说明自然也需要人。文化可能带来灾难，无文化却可能是更大的灾难。仁义道德的教育不一定完全成功，这里有伪善化、形式化、竞争化、表演化的可能，但是如果一个社会里完全没有仁义道德，如果只有动物本能，其后果会成为什么样子，也是不难想象的。智慧有可能带来阴谋诡计、勾心斗角；愚蠢则可能带来野蛮残暴、无知迷信、自戕自灭。许多族群的古代习俗中就包括了这样的部分，例如以活人祭天、祭太阳神等。一味地提倡人定胜天，叫喊『我就是玉皇，我就是龙王』（出自『大跃进』歌谣），未必可取；一味地叫停人类的活动与文化，也颇可疑。

彼正正者，不失其性命之情。故合者不为骈，而枝者不为跂；长者不为有余，短者不为不足。是故凫胫虽短，续之则忧；鹤胫虽长，断之则悲。

那些最端正的正道（『正正』或作『至正』），不违背自然天性的情理。所以本该结合在一起的地方不算粘连，本该分岔的地方也不算多出一枝来了。该长的地方就不能算多余，该短的地方也不算不够尺寸。野鸭子的腿脚虽短，给它接上一截，它就会很别扭。仙鹤的腿相当长，给它折断一截，它当然也会很痛苦。

庄子不能不面对这样一个问题，万物各不相同，如凫、鹤腿长不一，如何能区分何者为正常，何者为病态，如同骈拇、枝指呢？这里用来衡量的标准是『正正』或『至正』，是性命之情。这里埋伏下了歧义，如果一只鹤的腿没有长得够长，或者一只凫——野鸭子的腿比较长了呢？就是说不是不同的物种间的区别而是同种间的区别呢？连天生的骈足或枝指都会引起麻烦，何况不同的文化、不同的价值观念之间的差异呢？

故性长非所断，性短非所续，无所去忧也。意仁义其非人之情乎！彼仁人何其多忧也？

长了的地方不能截短截断，短了的地方不能补长接续，我们也罢，它们自身也罢，不会为自己腿脚的长短而忧愁。万一有了这一类忧愁，谁也没有办法。这样说来，仁义并不是什么人之常情吧，瞧瞧这些提倡仁义道德的人是多么瞎费劲！活活愁死他们累死他们啦。

庄子是怎样批评儒家的仁义道德的呢？他举的例子很有意思，人性中自然有仁义，也有不太仁义或非仁义，人有利他的地方，也有利己的地方，人有高尚的一面，也有不怎么高尚不能免俗的一面，有见义勇为的可能，也有事不关己高高挂起的倾向；而且人与人不一样，与鸭子腿短、仙鹤腿长一样。而儒家喋喋不休地讲究仁义道德，就是要给腿短的续长，给腿长的截短。这是自找麻烦，找人（鸟）麻烦，是多此一举，徒劳无功。

上述的话当然有偏激片面之处，但是让我们想一想各种仁义道德的说教与实际收到的效果或者反效果，又不能不说此言也有值得深思的地方。中国自古以来讲了那么多仁义道德，中国是世界上最讲仁义道德的地方，中国至今有人自诩是精神文明最佳典范，但只须读读《金瓶梅》《儒林外史》《红楼梦》与现代的鲁迅，就会晕菜，就会惊异于礼义之邦的伟大中国，为什么明清以降腐烂堕落到如此不堪的程度！为什么仁义道德讲得越多，男盗女娼的记录就越触目惊心！儒家教训在中国有极重要的意义，有至今仍能成为我们的精神资源的珍贵传统，但总体来说，儒学在中国不能说是非常成功，毋宁说是很不成功。原因就在于，脱离了制度与法律建设，脱离了科学与民主，单纯的道德说教就变成了自欺欺人，理论与实际脱节，道德与利益脱节，圣贤与社会脱节，越弄越不成样子。庄子至少从他的角度早已看到儒学说教的不足恃、不够用，对之有所警诫，是不能不察的。

二　不合常情必然会多忧多事

且夫骈于拇者，决之则泣；枝于手者，龁之则啼。二者，或有余于数，或不足于数，其于忧一也。今世之仁人，蒿目而忧世之患；不仁之人，决性命之情而饕贵富。故意仁义其非人情乎！自三代以下者，天下何其嚣嚣也？

再说那些两个足趾粘连在一起的人，如果你给他切开、剪裂，他会因疼痛而哭泣；那些多岔出一个手指的人，如果你给他咬断，他也会因疼痛而号叫不已。二者或者比正常的手指多了一些，或者比正常的脚趾少了一些，数目略有不同，就造成了这样的麻烦与忧虑。如今的仁人志士呢，大眼瞪着小眼，迷迷瞪瞪，为世上的这些忧患而焦虑；而那些不讲仁义的人呢，为了富贵荣华连小命都不要了。这样看来，是不是仁义本身就并非人之常情呢？三代（不知是指唐、虞、夏还是夏、商、周）以来，天下是何等混乱闹腾啊。

庄子毕竟是天才，他在批评完了人为努力、人文精神与文化发展其实是骈趾枝指、附赘悬疣之后，必须面对自己的巧妙举例中的悖论：盖骈趾枝指，并不全都是人文努力的恶果，其中大部分是纯粹自然生成的。既然是自然生成的，你又有什么理由因之感到厌恶呢？《庄子》内篇中提到了支离疏（《人间世》）、王骀、申徒嘉、无趾、哀骀它（《德充符》），他们的成为残疾或非正常的遭遇，比本章提到的骈趾枝指严重多了：有的被搞断了脚趾，有的被砍断了脚，有的没有脖子，五脏六腑都不呆在正常的地方，有的非常丑陋，叫做『以恶骇天下』，但他们都能愉快无忧地对待自己的生理或身体方面的缺陷，自己不觉得自己不正常，也就没有人能伤害他们。

任何比喻都是跛足的，以骈枝赘疣喻儒墨之论，是贬义，是恶心你，而骈枝赘疣自身却是无罪的，不足忧的，可以用平常心自然而然地对待的。当然，这也是由于庄子那个时候没有外科整形手术，否则他就不会提出这样的问题来了——科技的发展对于大道的思辨也极有用处。于是雄辩的庄子举出了鸭与鹤作新的例证，鸭短鹤长，俱是自然，俱不劳忧虑，不劳喋喋不休地进行教训纠正，不劳没事找事，无事生非。

说着说着，庄子似乎有点搞混淆了，还有点双重标准：他先说仁义之说是骈趾枝指，又说不能人为地裂骈龁枝，那么仁义究竟是多余的、人为的附赘悬疣，还是如骈枝似的天生如此，不好人为地取消改变呢？不算正常人的常情，即不算手指足趾数目如常的人的常情，算不算骈趾枝指的略有畸形的人的常情呢？谁能断定女娲捏出来的或上帝造出来的或猴子变出来的人子，个个符合全部标准，无一差错呢？

其实这也正是庄子天才的表现，他其实已经发现：仁义的提倡也是人或有之常情，因为人之觉悟并非整齐划一，从一个模子里压出。提倡了半天仁义，却非人人都做得到，这更是人之常情；人人做到了，世界上只有大仁大义，没有不仁不义，只有善人好人，没有恶人坏人，生活中这点对比、冲突没有了，连写小说写话剧都找不到素材了。有人利用仁义之说作秀、作伪仍然是人之常情，这种常情不可能太多，因为整天作仁义秀也很辛苦，但不可能完全没有。有人反对仁义之说，而更提倡生命人性的自然酣畅之道，尤其是常情，认为符合了人之常情，自然万事如意，天下太平，规格统一，零件标准化，那就太小儿科了。

可惜的是，庄子其时尚无国际标准化组织，也未有学人作出这样的对于天道、对于自然、对于人间人性人道的多向度的理解与分析。

庄子最后提出一个不合人情则多忧多事的判断标准，这很平实，很简单，也很管用。就是说，如果你要做的事情，你主张的理念不符合人之常情，你只能事倍功半，只能多忧多劳，叫做天下嚣嚣矣，你只能自找碰壁，只能吃力不讨好，从自找苦吃到自取灭亡。不用往远里说，就是新中国建立以来的实践中，这样的例证可谓多矣多矣，这是很值得汲取受用的教训啊。要记住，宁可政事简陋、简便、简易行事，也不要天下嚣嚣、众生滔滔呀。

> 且夫待钩绳规矩而正者，是削其性者也；待纆索胶漆而固者，是侵其德者也；屈折礼乐，呴俞仁义，以慰天下之心者，此失其常然也。

以人为的工具、文具（线、尺、规、矩）来校正形状，会损伤万物的本性。用绳索捆绑、胶漆粘着来强化联结，是侵犯事物的品质。用礼乐来曲为规范、用仁义来安抚（糊弄）民众，告慰（讨好）天下人心，这都是失去了常态的靠不住的做作。

这些话同样是精兵简政思想的渊薮。万物听其自然的思想当然有可爱与可贵的地方，但是这种说法又不利于生产的发展与科学技术的使用，不利于工业化与现代化。科学技术，要的是最佳值，要的是以人的、技术的精确性与标准化来取代自然的随意性与多样性。铁矿石方的方，圆的圆，大的大，小的小，但是炼出铁呀钢呀后，要成为钢材钢件，就必须有规矩，有尺寸、重量等各方面的标准，要求相当精确同一，不可错乱。强化联结，更不用说，现代工艺岂止是绳索捆绑与胶漆粘着，现在的联结技术大大发展了，可以焊接，可以用化学剂粘连，可以由其他途径创造原物件做梦也想不到的一体化功能，为人所用。庄子啊庄子，你的时代毕竟是太早太早，太老太老了。

> 天下有常然。常然者，曲者不以钩，直者不以绳，圆者不以规，方者不以矩，附离不以胶漆，约束不以纆索。故天下诱然皆生，而不知其所以生；同焉皆得，而不知其所以得。故古今不二，不可亏也。则仁义又奚连连如胶漆纆索而游乎道德之间为哉，使天下惑也！

天下是有自己的正常状态的。什么是这样的正常状态呢？弯曲的不是靠曲尺画出来的，直向的不是靠墨线拉出来的，圆形的不依赖圆规，方形的不需要角仪，结合者不是由于用了胶漆，聚集者不是由于用了绳索。所以天下万物自然而然地生长发育，自己并不知道为什么要或如何才能长成这样或那样；天下万物各得其所，自己也不知道为什么得到了生存的条件。从古至今，这样的道理是一样的，也是无法改变的。那么仁义之类的说教，又何必没完没了地往自然而然的天道天德之中费力搀和呢？只能是叫天下困惑乱套的呀。

这也叫苦口婆心。老庄不厌其烦地告诉我们，天下不需要拿尺子量直，拿圆规画圆，拿胶漆粘连，拿绳索捆绑，天下自然有道，自然该直的直，该弯的弯，该方的方，该圆的圆。你费劲越大，标准越多，衡量与提倡、努力与说教越多，世道就越乱。这个说法叫人入迷，但恰恰与仁义道德的说教一样，偏于性善论，偏于泛道主义，偏于相信人本来自己就能很好很好，这与西方的原罪观念，用法制管住罪恶的观念，大异其趣，其间是非曲直、成败利钝、轻重得失，是有案可查，有经验可总结的。

三 不认你的规矩，也就不受你的制

夫小惑易方，大惑易性。何以知其然邪？

小的无知或荒谬会影响一个人的取向立场，大的无知或荒谬会改变一个人的本性。为什么要这样说呢？

又有麻烦，惑与性的关系，可能惑大而易性，可能惑小而易方，这算不算性呢？如果性是单向的，铁一样坚强的，不可更易的，那还怕什么惑？如果性本身就包含着惑的因子，性与惑也正如灵与肉、理与欲、善与恶、真与伪、慧与蠢一样，它们注定了会交织在一起，共舞共鸣，造就出奇妙的、令人困惑的也是绚烂的人生乐章。

自虞氏招仁义以挠天下也，天下莫不奔命于仁义，是非以仁义易其性与？

自从虞舜以仁义为标榜而风行天下以来，天下人都急于疲于讲仁义、行仁义、闹腾仁义，这难道不就是用仁义取代了自己的本性天性了吗？

如果人性中本来就具有仁义的因素，讲、行、闹腾的目的只是弘扬这一面而不是让人的恶德泛滥，仁义是不是注定了会与人性相矛盾，会成为天性的六指与赘疣呢？

人性也堪称是洋洋大观：仁义、道德、爱心、欲望、利己、利人、贪婪、嫉妒、恐惧、焦躁、自保、护短、忧患、逍遥、和谐、浪漫、幻梦、好斗、记忆、遗忘……人性，这是一个内宇宙呀，抓住其中的一个方面就立论、著书、授业、宣扬，然后与抓住其他方面的论者势不两立、血战到底，陋矣哉！

完全不说仁义与完全依靠仁义，与完全否定欲望或只知一味纵欲，都是太天真了吧？完全没有道德，与视道德为万能，靠道德以救世，忽视发展这个硬道理，都是太幼稚了。

人的易犯毛病之一就是简单化，何况远在先秦，两千数百年前！

故尝试论之：自三代以下者，天下莫不以物易其性矣。小人则以身殉利，士则以身殉名，大夫则以身殉家，圣人则以身殉天下。

故此数子者，事业不同，名声异号，其于伤性以身为殉，一也。

所以我曾经就此试为立论：从夏商周三代以来，普天之下，差不多都是用身外之物改变歪曲了自己的本性天性。低层次的小民为了利而牺牲了自己，层次高一点的读书人为了名而不惜殉了自己，大夫——有地位有官职的要人们将自身献给家族，圣人即少数精英代表人物呢，为了治国平天下也不惜牺牲自己。这样几类人，事业不同，名声、说法不同，他们为了身外之物伤损了天性、牺牲了自身则是并无区别啊。

庄子的这一段关于人被外物所主宰所牺牲的论述，非常接近于后世关于异化问题的认识与争论，可以说是异化论的渊薮。在我国，异化的问题在二十多年前引起过轩然大波。此一时也，彼一时也。却原来，早在两千多年前，庄周其人已经发现、思考、讨论了关于异化的问题，关于文化与价值从为人服务变成了人为文化与价值服务的问题。当然，庄子并没有、也不可能解决这个问题。能提出这个问题，能提出这个大困惑、小困惑的问题来，已经是了不起了。

臧与谷，二人相与牧羊而俱亡其羊。问臧奚事，则挟筴读书；问谷奚事，则博塞以游。二人者，事业不同，其于亡羊均也。伯夷死名于首阳之下，盗跖死利于东陵之上。二人者，所死不同，其于残生伤性均也，奚必伯夷之是而盗跖之非乎！

一个人名叫臧，一个人名叫谷，两个人一起去放羊，结果都把羊丢失了。问臧是怎么回事，原来臧是携带着竹简在那里读书（没有好好去照管羊）；问谷是怎么回事，谷是下棋玩游戏（同样没有好好照管羊），两个人干的事不一样，但丢掉了羊是相同的。这也就像是伯夷为了名节死于首阳山之下，而盗跖为了财富死于东陵之上，两个人的死因不同，伤害毁掉了自己的性命则完全一样，我们又何必肯定赞颂伯夷，而否定唾弃盗跖呢？

七十年前在延安文艺座谈会上，毛泽东讲过动机与效果的问题，他说：『唯心论者是强调动机否认效果的，机械唯物论者是强调效果否认动机的，我们和这两者相反，我们是辩证唯物主义的动机和效果的统一论者。』他当时主要是针对有些作家认为自己的动机是好的，但写出了被认为是社会政治效果不好的作品，他强调要唯物主义地看问题，要从动机与效果的统一上来看问题，换言之，人不可以以动机的良好来拒绝对于他的效果不佳的责难。谁想得到，几千年前的庄周，已经就此动机与效果的问题发表了自己的见解，而且他的见解更极端更坚决，他干脆认定从效果上看，伯夷与盗跖并无区别。按毛泽东的说法，他此种只承认效果的论点应属于机械唯物主义了，当然，这是笑谈。庄周的观点也够振聋发聩了。只是说得太过，共舞的感觉如同被舞伴的大靴踩痛了脚。

天下尽殉也。彼其所殉仁义也，则俗谓之君子；其所殉货财也，则俗谓之小人。其殉一也，则有君子焉，有小人焉。若其残生损性，则盗跖亦伯夷已，又恶取君子小人于其间哉！

天底下到处是送命牺牲。为了仁义而牺牲掉自己，人们就会说他是君子；为了财货而送命呢，人们就说他是小人。送掉性命是一样的，但是分成了君子与小人两类。其实说到他们伤害生命，损害天年，盗跖也就是伯夷，命送掉了，再分别君子与小人又有什么意思！

这些议论非常大胆，富有颠覆性。这尤其可以说是对儒家主流价值观念的挑战。孔曰成仁，孟曰取义，朝闻道夕死可矣，士可杀而不可辱也……对于孔孟来说，生命、天年是从属于仁义道德的大观念大价值系统的，性也罢，命也罢，都必须服从并升华到仁义道德的层面，才有意义，才有光彩，才是天地之正气，才能流芳百世，否则只是苟活，

只是偷生，只有耻辱，叫做生不如死。而老庄，尤其是庄子，把正常维持与养护生命提高到天道、自然、天命的高度，他坚决抨击一切不是让人好好地活下去而是让人送命的道理、主张。珍惜生命，珍惜天年，这当然是对的，但除此之外再无追求，再无底线，再无价值理念与尊严，再无除了个人生命安全以外的对于家庭、社会、族群、国家直到全人类，直到对于永恒与无穷的宇宙的任何责任与关心、感恩与挂牵，则也是未免偏于一隅，叫做以偏概全，叫做生硬做作，叫做难以成立。

四　不要为了后天的目标而为难自身

且夫属其性乎仁义者，虽通如曾、史，非吾所谓臧也；属其性于五味，虽通如俞儿，非吾所谓臧也；属其性乎五声，虽通如师旷，非吾所谓聪也；属其性乎五色，虽通如离朱，非吾所谓明也。

再说把自己的天性、本性规定为仁义的讲究与践行的人，哪怕做到了如曾参、史鳍一样彻底，我也不认为那有多么好多么高尚；把自己的一生献给五味烹调，虽然精通如俞儿，我也不认为那有多么好多么值得称道；把毕生的精力献给五声音乐，哪怕高明到与师旷一样，也不是我所信服的耳朵功用的极致；把毕生的精神献给五色美术，虽然高明到离朱那个样子，我也不认为那是眼目本性的极致。

这里庄周又碰上了一个现代性的麻烦，发达的社会带来了分工的细化，传送带、生产线就更加细细分割了劳动过程，在创造了前所未有的效率与成果的同时，造就了人的畸形。例如许多艺术家、大明星，他们的生活品质极端扭曲。某些学者的呆气，某些高级知识分子的矫情，某些政客的手段，某些商家的经济动物习气，都令人震惊。故而马克思提出了社会主义、共产主义将保证与致力于人的『全面发展』的主张。而早在庄周时期，他已经看出了分工化、专业化所带来的负面可能。烹调料理，做得太过了，如俞儿那样，对他本人，不会有好处。音律乐声，精通到了师旷那样，其实违背了人的天性。还有离朱，精通美术，从庄子的观点看，对自己也并无益处。庄子的认识没有达到提倡全面发展的程度，他要的只是正常、逍遥、天年、自然而然地生活，不要为了某个后天的目标而扭曲自身。而仁义的事情与此类事情同理，一辈子只知道仁义，和只知道韵律一样地不正常不全面。

但《庄子》中也时有自己与自己抬杠的地方，例如他描写的庖丁、做带钩者，其专业化、单一化，都达到了不亚于师旷、离朱的程度。

吾所谓臧者，非仁义之谓也，臧于其德而已矣；吾所谓臧者，非所谓仁义之谓也，任其性命之情而已矣；吾所谓聪者，非谓其闻彼也，自闻而已矣；吾所谓明者，非谓其见彼也，自见而已矣。

夫不自见而见彼，不自得而得彼者，是得人之得而不自得其得者也，适人之适而不自适其适者也。夫适人之适而不自适其适，虽盗跖与伯夷，是同为淫僻也。余愧乎道德，是以上不敢为仁义之操，而下不敢为淫僻之行也。

我所讲究的美好，并不是什么仁义的标榜，而是指自身天性的完满；我所讲究的圆满，并不是仁义的教训，而是对于人性与生命的自然而然的放手态度；我所讲究的耳聪，并不是指善于听到外物，听到万籁，而是指能够倾听自身的需要与呼声。我所希望的目明，不是指能够看得清外物与万象，而恰恰是指能够认识你自己，看见你自己。

那种看不见自身只看得到外物的人，只羡慕别人而不能自我欣悦的人，是不知道自己应该珍惜属于自己的一切，

不懂得自身的内在需要，而只盯着别人的需要与别人为你所作的规范的人啊，是自己不适应自己的已成就、欲成就、自然会成就的角色，而专门去适应别人要求的角色啊。一个是盗跖，一个是伯夷，做事都很过分，为人都太别扭。唉，我面对大道玄德，深感惭愧不足，所以我是上不敢奉行仁义的节操，下不敢有别扭的行为啊。

这一段话说得简古，但含义深刻，联想的空间极大极宽。什么叫『不自见而见彼，不自得而得彼』，可以有许多解释。首先，已有这样的解释：不按自身的性情、自身的需要、自然的趋势办事，而是按他人的忽悠、他人的规范、他人的诱引行事，于是出现了过分清高的矫情的伯夷，过分卑下的同样是矫情的即不近情理的盗跖。也可以解释为：看得到别人的毛病与责任，看不到自己的毛病与责任。这样的人比比皆是，所以有牢骚，有不负责任，有堕落，直到今天谈起社会风气来，差不多仍是这样，一起痛骂旁人。还可能是看不到自己的幸运与成果，而只知道羡慕嫉妒别人的运气与成果，叫做『人比人，气死人』，也俯拾即是。这种人对自己缺乏了解也缺乏信心，老是拿别人作自己的目标、标杆说事儿。如与你一起同学的，他当上博士了，你没有当上；和你一起参加工作的，他当上老板了，你没有当上，便愤愤不平，便怨天尤人，却看不见自己已有的一切的珍贵与来之不易。不认同自己，不珍惜现有，总是认定自己冤屈倒霉，这样的感受本来可以理解，可以同情，但人人如此了，未免无益而且讨厌。你不是西施，你是东施，如果你健康阳光，你也会有快乐的生活，比充当美人计的主角更自然更幸福的生活；然而不，你非得以东施的形象谋西施的待遇，你可笑不可笑？可悲不可悲？我们说的这山望着那山高，我们说的『生活在别处』（语出法国诗人兰波），我们说的异化，不是庄子早就指出来了吗？

不能说人类不需要这样的反省：人类费了那么大的劲，为自身的美好生活创造积累了那么多观念、理论、知识、技术，然而这一切都是必要的与聪明的吗？有没有多余，有没有骈拇与枝指？有没有自找麻烦，自寻烦恼？不想不知道，也许会一想吓一跳。而庄子那么早就想到了这样的问题了。你能不佩服他吗？

老王说：以畸足与畸指为例讨论仁义道德，有趣，但没有说透。第一个含义：骈拇枝指是儒家的仁义说教，外加多余，自找麻烦，人为地把人生与社会复杂化、艰难化、空谈化、作秀化。远了不必提，我们想想『文革』期间的讲用与灵魂深处爆发革命、狠斗私字一闪念就很明白了。第二层含义，有人仁义上好一点，有人仁义上差一点，这也是自然的，就是有人很不对头，也如长了骈拇枝指一样，只能容忍，无劳大动干戈。道法自然，人有天性，各不相似，顺乎其常，第一你不要搞骈拇枝指，第二你不必急着去剪骈拇枝指。那么，我应该做什么呢？我到底能够做什么呢？仅仅一句多一事不如少一事，太贫乏了吧？

马蹄：东方古典的阿凡达乌托邦

这是勇敢的逆向思维，这是东方古典的阿凡达：你们都说伯乐等专家能人伟大，我偏偏认定是伯乐给野马天马、是木匠给林木、是陶匠给土石带来了无穷的灾难，给自然给人类带来无尽的麻烦，是文化尤其是儒家的仁义道德带来了虚伪、矫饰、空谈、歧义，搞得人生如此复杂而且纷扰、生硬而且痛苦。而理想的盛世是远古，是万物成群连属其乡的混沌状态。是人与草木，与鸟兽的不分彼此，共生共游，欢欢喜喜！什么时候统治者能够也明白这一点，走向恢

复远古生活的大治与无为呢？

可以说，《马蹄》一章是《庄子》的准文化批判主义、准非治理主义（尚不是无政府，但多少通向无政府主义）、返璞归真主义、准泛神主义即自然神主义，是老庄的大道乌托邦主义的宣言与标本。

一　伯乐恰是害马的罪人

马，蹄可以践霜雪，毛可以御风寒，龁草饮水，翘足而陆，此马之真性也。虽有义台路寝，无所用之。

马这种动物，它的蹄子能够走在布满霜雪的道路上，它的皮毛可以挡御风寒，饿了吃草，渴了喝水，抬起腿跃奔飞跑，这是马自来的性情。即使有高台大馆，对马来说，既没有意义，也派不上用场。

问题在于，马可能不需要星级宾馆，但是人需要，人计较规格与条件，有时候还计较得很厉害，对于某些俗劣之人来说，规格、条件、级别甚至是他或她一辈子追求的全部。然后人也要在马中分三六九等，而马也确实有块头、膂力、速度、体形与毛色的差别，并非天生一律。人有了级别，就要提高自己使用的马的规格与待遇，马因人贵，人以马『牛』，正如大款用的车是宝马，小民买上个夏利已经不错了。其实即使是马，也有它的对于厩舍的要求，包括通风、湿度、草料、牲畜密度等，未必全无所谓。当然，这里说的理想的马也许是指野马，而即使对于野马，自然条件仍然有适宜或者不适宜的差别，难以做到完全的相齐相一。

乃至伯乐，曰：『我善治马。』烧之，剔之，刻之，雒之，连之以羁馽，编之以皁栈，马之死者十二三矣。饥之，渴之，驰之，骤之，整之，齐之，前有橛饰之患，而后有鞭筴之威，而马之死者已过半矣。

等到有了伯乐，他宣布说，我是善于管理马的事务的。他怎么管理呢？又是火烧，又是剪毛，又是削马蹄，又是烙印，用绳索套具把它们笼络控制起来，再将它们排列安置到马厩之中，这样马已经死掉两三成了。还要让它们饥一顿，饱一顿（喂不喂、喂多喂少全凭人意），驱赶它们快速奔跑，使它们步伐整齐，行动划一，前边是嚼子口衔的控管整治，后边是鞭子马刺的惩罚威胁，到这时候，马已经死了一多半了。

好厉害的庄子，这里反讽得刺激、滑稽、沉痛。这是在反讽君侯、臣子与候补官员士人的施政与管理。经过庄子这么一写，司空见惯的养马治马的过程变得直如酷刑，充满血腥意味。用语幽默隽永，令人哭笑不得，怎么人们硬是会忽略这一面呢？伯乐伯乐，世世代代，多少人赞美伯乐，期盼伯乐，可谁往这边厢——即不是人而是马对伯乐的感受方面想过？《庄子》中所说，很有说服力与现实感，并不强词夺理，应是昭然若揭。可能问题就出在人们只会从一条道上思维，只从伯乐善于相马，能为君王、诸侯、军人挑选千里马这方面思考，为伯乐的大名所震服，却缺少一点逆向思维。

陶者曰：『我善治埴，圆者中规，方者中矩。』匠人曰：『我善治木，曲者中钩，直者应绳。』夫埴木之性，岂欲中规矩钩绳哉？然且世世称之曰『伯乐善治马，而陶匠善治埴木』，此亦治天下者之过也。

陶器匠人说自己善于制作陶器，圆的经得起圆规的检验，方的符合直角的尺度。木匠则说自己善于制造木器，弯曲的地方符合角尺的夹角，直溜的地方符合拉线墨绳的测量。但请想想看，陶土也罢，木料也罢，它们的本性难道是要自身符合规矩、角绳的要求吗？然而众人长期以来的说法是，伯乐善于调养马匹，而陶匠善于制陶，木匠善于做木工活儿，这与（矫情地）治天下一样，都是一样的毛病。或者说，这都是矫情地治理天下的人带头造出来的毛病。

当然，这是书生，是文章家论政、论治、论公共事务管理，做MPA论文。不无启发的是，管理者往往会倾向于认为，越是用强有力的规矩、钩绳进行统一有效的管理，越是军事化、整齐化、划一化管理，就越是有政绩。庄子告诉你，未必。庄子告诉你，那样，会让被治的马、陶土、木头痛苦，会制造和激化治与被治的矛盾。

二　治理精明，仁义高唱，天下从此多事

吾意善治天下者不然。彼民有常性，织而衣，耕而食，是谓同德。一而不党，命曰天放。

我认为真正善于治理天下的人并不这样。他们认为，老百姓自有本身的稳定的天性，要穿衣就要织布，要吃饭就要种田，这是他们共同的本能，这叫共识、共同利益、共同的规范。在符合自身天性的活动中，他们彼此一致，却不需要结党成伙，这就叫自然而然，纵性放任于天地之中。

呜呼庄子！他抨击那些烦琐苛政，严刑峻法，他抨击当时的为政者扰民乱民，坑害百姓反而得意洋洋，吹嘘叫卖，欺世盗名。他讲的伯乐、陶匠、木匠的故事既有趣又发人深省，令人击掌叫绝。但是他的民有常性，只要按常性做万事大吉的设计却未免天真幼稚，失之于幻想。民有亿万，性有什千，地域、族群、血统、文化、观念，尤其是利益之分别无处不在、无时不在。不但民与民能够发生矛盾冲突，人与人能够发生龃龉斗争，同是一个人连自己也有找不到自己的常性的时候，陷于选择上的困惑与两难。再说，有所管理，有所主张，有所维护，有所坚守，也是人之常性，正像无为而无不为、无可而无不可、与世无争等也是常性之一种。你依常性而治，你搞常性乌托邦主义，按谁的常性呢？按庄先生的常性吗？孔先生、孟先生、墨先生、师先生、离先生等都与您常性不同，咋办？没有社会没有家庭，个人难于存活；有了社会家庭之累，就有人际关系的种种麻烦。庄子关于常性的说法很漂亮，但是有点站着说话不腰疼的风凉。庄子的治国之论非常高明，高于常人常理，但是缺少成功践行的实例。

我们还可以对有关问题进行语义学的分析。国人讲风格风度，有两组概念，A组的核心字是『谨』，包括严谨、恭谨、谨慎、拘谨，如『诸葛一生唯谨慎』。其中只有拘谨一词较有贬义，其他都是好词儿。B组的核心字是『放』，放手、豪放、奔放、粗放、放任、放纵、放肆。这七个『放词』中，放手、豪放、奔放三词是褒义的，粗放有轻微贬义，放任、放纵与放肆则是完全贬义的。尤其是放肆一词，常为尊长训斥下属时所喜用，带有一种居高临下的威猛气势。从语义的讨论上，我们可以看到中华文化的崇谨传统，尤其是官场的尚谨之风，大大咧咧的家伙不是好官。反溯到庄子，他喜欢将『放』字当好词用，不但放是好的，『遥荡（任心纵散）恣睢（放任无拘束）』（《大宗师》），也都是他向往的，可惜，他的向往相当程度上被中华文化的传统所否定了。

故至德之世，其行填填，其视颠颠。当是时也，山无蹊隧，泽无舟梁；万物群生，连属其乡；禽兽成群，草木遂长。是故禽兽可系羁而游，乌鹊之巢可攀援而窥。

夫至德之世，同与禽兽居，族与万物并，恶乎知君子小人哉！

所以在大德昌盛的时代，人们做事缓慢持重，眼神也都比较专一，不怎么东张西望。（或理解为：做事的状态、看人的神态，都是自然而得意的。）那时候，山岭上没有栈路也没有隧道，水面上没有船只也没有桥梁；万物共生，比邻而居；鸟兽一群一群，草木也是自由自在，连成一片地茁壮生长。所以，想牵上什么鸟兽一起游玩也就一起游玩，

想攀缘到哪里去看乌鹊之窝，也是随便。

在这样的至德之世，人和鸟兽混居，与万物并存，何从区分什么君子与小人呢。

写得真好！『填填』『颠颠』，我宁愿取前面的解释，即持重和专一。虽然解释为自然、得意，与对于放的向往较易衔接。因为庄子喜欢的放，并不是当今奔波迅捷、竞争浮躁之放，而是远古无为无欲、无争无言之放，是在大臭椿树下睡大觉之疏放，是乘大葫芦而游江湖之豪放，正好与缓慢持重、专一踏实相衔接，也正好与当今人们普遍诟病的浮躁相比对。这样的庄子的放，应该能够把持重、专一与自然、得意统一起来。至于老子，并不那么讲放，相反他要讲『豫兮若冬涉川；犹兮若畏四邻；俨兮其若客』（第十五章）：小心翼翼，好像冬天过冰河；醒觉警惕，像要提防四面之敌；还要正儿八经，像做客一般。

事物的发展与变化，文化的丰富与精微，社会生活视野的无限扩大，生产力与科学技术的日新月异，财富的核能爆炸般的增长，欲望因其不断实现所产生的无限膨胀，使人们的心态比古人浮躁得多，现代人要更心慌意乱，更顾此失彼，更疲于奔命，更丢三落四，更晕菜得多。这种信息爆炸、任务加码、动静失衡、生活混乱的痛苦，值得研究研究、分析分析。想想庄子的有关说法，说不定对我们大有益处。

毛泽东有言，差异就是矛盾。庄子的思路则是尽最大努力抹平一切区别、一切差异，说一千道一万，还是要齐物。庄子提倡的是『平心』，这与西方思想家拼命提倡的平等各有千秋。

当然事情没有这样简单。时到今日，要牵上一只猴子遛马路应非易事，但是我在不丹王国的经验使我相信，《庄子》

的有关说法不完全是乌托邦。在不丹，由于所有的狗受到全民的爱护喂养，于是狗没有私有被私有的意识，没有对立与警惕的意识，没有恶意的吠叫，它们在大街上任意躺卧休息，对于任何人都是友好的。你即使躲来躲去还是不小心踩上了它的尾巴，它也只不过是『哼』一声，缩一缩继续睡觉而已，不会怒目相视，不会发出恶声，更不会龇露牙齿。这太惊人了，也太值得深思了，却是我亲眼见到亲身经历的。

不丹的狗似乎是所谓的先王之世的狗，是无为而无不为的狗，它们没有主人也就没有敌人，没有任务也就没有执着，没有期待也就没有操心。当真是一种理想啊。

同乎无知，其德不离；同乎无欲，是谓素朴。素朴而民性得矣。及至圣人，蹩躠为仁，踶跂为义，而天下始疑矣；澶漫为乐，摘僻为礼，而天下始分矣。故纯朴不残，孰为牺尊？白玉不毁，孰为珪璋？道德不废，安取仁义？性情不离，安用礼乐？五色不乱，孰为文采？五声不乱，孰应六律？夫残朴以为器，工匠之罪也；毁道德以为仁义，圣人之过也。

保持无知的状态，也就不会脱离至德、大德、玄德；保持无欲的状态，也就会处于朴素、质朴、纯正的情况中。能够素朴，也就能使万民百姓的天性得到发挥满足，永葆无瑕的天性。到了某些所谓圣人那里，吭哧吭哧搞出个仁来，吱扭吱扭闹出个义来，好了，这一回天下就琢磨疑惑嘀咕上了；再随心所欲地弄出点乐，别别扭扭闹出一大套礼法礼仪礼数，天下众人也就分了家——分裂，分化，互为陌路，互不理解，乃至互相敌对起来了。唉，不砍伐纯朴的树木，哪儿来的酒器？不毁坏洁白的璞玉，哪儿来的珪璋？不废弃自然而然的大道玄德，哪儿用得上仁义？不背离真实的性情，哪儿用得着礼乐？五色不错乱，哪儿能调出好看的色彩？五声不错乱，哪儿能应和六律？砍伐树木而制造器具，

是工匠的罪过；毁坏道德而提倡仁义，是圣人的罪过。

文章写得真漂亮！稀奇的、与众不同的思路，写得洋洋洒洒，雄辩而且情绪饱满。你说这是庄子的幻想吧，这些说法却确实不无道理。仁义的说教有时会变得虚伪空洞，残害性灵，会成为迫害他人攻击他人的旗号。自古以来，政治斗争中的一方，总是会以对立面不仁不义、无道无德为理由号召鸣鼓而攻之。所谓鸣鼓而攻的鸣鼓，就是鸣仁义之鼓。礼法与按礼法奏乐，有时也会令人生厌，变真情为走过场。所谓行礼如仪，潜台词是并无真情实感。各种制作，不是没有可能变成造作，变成对于材料的浪费毁弃，将无数人力、物力、财力投放到莫名其妙的工艺中，成了自找苦吃、自找麻烦。人的这种『制造』的习惯，破坏了多少生态，糟蹋了多少资源！求新逐异、浮躁追风、装模作样而实际上是资质庸劣的艺术，闹出了多少混乱变态，自欺欺人的色块与音响，毁坏着而不是陶养着人们的耳目身心。庄子太有预见了，他已经预见到二十世纪、二十一世纪的视听信息的爆炸与危殆了！他早在两千数百年前，已经呼吁原生态，呼吁回到大自然了！

这里的有了仁义天下始疑、搞了礼乐天下始分的说法也极精辟。依此而言，后天的、由圣人辛苦制定宣讲的仁义之说，不过是凭空增添了麻烦与困惑。人做各种事情，本来靠自己的本性与良知就可以做出判断，何者可为何者不可为，一加仁义之论，一搞外加的概念崇拜、概念统制，反而使疑义增加。例如父慈子孝、君明臣忠、夫唱妇随，一般情况下似乎比较好办，如果父子、君臣、夫妇之间出了矛盾，各说各的理，或者是君、夫的责任更大，怎样做才符合仁义的要求呢？不疑才怪，不争才怪。至于礼乐使人分家，这个思想就更先进了，这就是亨廷顿所说的文化冲突

的滥觞啊，你提倡你的礼乐，我提倡我的礼乐，两者不统一，能不掐起来吗？

三　圣人之过，文明之罪，呜呼

夫马，陆居则食草饮水，喜则交颈相靡，怒则分背相踶。马知已此矣。夫加之以衡扼，齐之以月题，而马知介倪、闉扼、鸷曼、诡衔、窃辔。故马之知而態至盗者，伯乐之罪也。

这个马，生活在陆地上，吃草喝水，高兴时互相用脖子抚摩，生气时背对背尥蹶子。所谓马的智力不过如此罢了。可人要给马匹加上辕木、笼头、套具、口嚼，于是马也就学会了如何折断或摆脱辕木、笼头、口嚼、套具的束缚，如何对抗逃逸。所以说，马学会了对抗人类的各种招数，这都是伯乐的罪过呀。

然而这是从马的角度上看，从人的角度上看呢？人是要用马的膂力的，没有那些工具，马当然舒服了，但是也就不为人用了。还有，这里的问题是驯马过程使马也产生了被使用的需要，只有被使用，才能得到饲养，得到存活繁殖。使用与被使用，这正是文化的起源，也是对于自然的冒犯的开端。奴役者本身也是被奴役的，任何对于自然的使用，其实也在使用自身，使自身的存活繁衍大大地复杂化、人为化、困难化了。人们毁坏了原木，制造了典礼上使用的高级酒樽，从此必须在典礼上行礼如仪地饮酒，或只剩了作饮酒状行饮酒礼，越来越多地失去了自自然然与情人、家人、好友饮酒闹酒的乐趣，却得到了参与典礼的满足感与虚荣感。

文明有文明的代价，无文明有无文明的代价。文明的代价是纯朴自然的失落，是烦琐，是走形式走过场、虚与委蛇乃至骗局伪善的出现，是以文明以价值为理由引出的愚蠢而且残酷的纷争。无文明的代价是贫穷落后、愚昧无知、

挨打受欺，被淘汰而灭亡。庄子，有时还包括老子，只谈一面的代价，但确实谈得精彩，令人耳目一新。

另一方面的意义是：这里表面上谈马，实际上是谈治与『治于』（如所谓的『劳心者治人，劳力者治于人』），即统治与被统治的关系。庄子的说法是：被统治的草民，本来如未遇伯乐的野马一样地纯朴简单，问题是伯乐，也就是伟大的君王与大臣太智慧也太啰嗦，制定出各种招数来统治民人，制造出各种衡扼、月题（横木颈轭与马额上的装饰），如今之所谓辕木、笼头、口嚼、套具……来巧为控制马儿；与此同时，上有政策，下有对策，无政府主义是对于官僚主义的惩罚，草民们也发明了各种阳奉阴违、腹诽、口是心非的招数，伺机破坏捣乱，直到提出『王侯将相，宁有种乎』与『彼可取而代之』的造反有理论等对抗之。从此天下多事，治人是越来越难，越来越危险了。

夫赫胥氏之时，民居不知所为，行不知所之，含哺而熙，鼓腹而游，民能以此矣。及至圣人，屈折礼乐以匡天下之形，县跂仁义以慰天下之心，而民乃始踶跂好知，争归于利，不可止也。此亦圣人之过也。

在那个上古赫胥氏的时代，民众安居而不知所为，没有什么一定要做、急着要做的事，出门也没有什么地方一定要去，有东西吃就很开心，吃饱了就悠游自在，大家都是这样生活的，大家要做的能做的事止于此。等到圣人出现，费尽心力弄出些礼呀乐呀来匡正天下的行为举止，标榜仁义来安抚天下的民心，于是民众开始奔竞用智，争逐私利，而不能休止。这些都是圣人的过失啊。

十分有趣的思路。大家浑浑噩噩，婴儿一般，饿了吃，累了睡，得空就玩，其他什么也不知道，这是理想吗？好像缺点什么。人活一辈子，还想发展自己的脑力、体力，想求知求美、求幸福求光荣、求意义求价值，并期盼这些追求的充分实现，甚至还想在各种比赛中一显身手，虽败无憾，不能不与闻人生竞争之盛况。而且，人还有智慧与灵魂，不但要知道生存诸事，还要知道点形而上，知道点开始与结束，永恒与无穷，我之外的你与他，有形之外的无形，肉身之外的灵魂。

于是有了人类的与中华的文明文化，圣人先贤……有了信仰、价值、观念、科学、技术、各种文化的精神的与物质的成果，有了历史，有了文明的积淀……与此同时，歧义、竞争、虚伪、阴谋手段、盗窃与歪曲也在发展，世界愈来愈复杂，生活愈来愈复杂，纷争愈来愈复杂，罪恶愈来愈发展……

有两句话有点意味。一是『踶跂好知，争归于利』。『踶跂』是自矜，是得意，是臭美；『好知』是好动心眼，是搞手段。为什么好知不能是好学不倦、诲人不厌呢？为什么智慧不是首先带来文明与进步、幸福与快乐，而是首先带来了阴谋诡计呢？这是值得深思的。培根讲知识就是力量的时候，不会有这样的思路的吧？而如今对于科学主义的批评，能不能够从老庄那边找到源头呢？

『争归于利』的说法则比较实在。概念愈复杂，价值愈强调，说法愈发达，争执就会愈多，争来争去其实是利益的争夺，人与人、家庭与家庭、族群与族群、地域与地域、国与国的多少抽象的争论均牵连到具体的利益，争于义的实质是争于利，这话够直截了当的，也够令人叹息的啦。

二是『圣人之过』，这个说法也有内涵。此前《庄子》内篇中提到圣人，大多是褒义的。这里的圣人成了罪魁祸首。圣人影响大，贡献大，带来的变化与付出的代价也必然大。圣人圣人，说到底都是有争议的。例如有些政治家，有些

领袖人物，凡是千古留名，只受到广泛尊敬的，往往是相对比较短命的，他们『适时』结束了本身的生命，留下的是功绩，带走的是缺憾。例如孙中山，甚至于还有林则徐，他已经奉诏出发去平定农民起义，没有等到动手，死了。寿则多辱，不知道包含不包含这样的含义，寿了，做的事多了，必然就具有不同的方面，引起不同的评价了。岳飞屈死了，他留下来的只有忠勇抗金的功劳与记录。如果另一种情况呢？如果他再活三十年，谁知道他会不会卷入什么内政事件呢？林彪如果早死十年呢？刘志丹、左权，甚至于李大钊、瞿秋白……他们如果活到了一九四九，此后他们将怎样掌权呢？呜呼！

还有一点也值得研究，人们，尤其是中国的先秦诸子，怎么会如此坚信上古时期人们的生活最好呢？他们为什么完全没有进化观念、发展观念呢？是单纯的怀旧心理吗？倒也是，许多人相信童年是最快乐的，也许这与此章指出所谓赫胥氏之时人类的生活最幸福最合乎大道一样。这是一种向后看的世界观，在中国竟然是源远流长。也许从文学艺术的角度看这不无可取，没有对于往日的追忆与怀念，乃至自迷迷人的眷恋，许多许多好书、好歌、好乐段都不会出现。一个作家、文艺家，高喊几句让我们回到上古时期、婴儿时期，像野马一样地生活，再不要什么圣人、仁义、知识、学问了吧，这是值得同情的，甚至是颇为令人感动的。然而这并不等于当真认定人的幸福在往日，在古代，在婴儿时期。君王也罢，臣子也罢，社会学家也罢，都是不会这样说话的。是老庄太天真，太激愤，太另类，太用文学艺术的想象与沉迷代替科学与理性的考察检验了？还是另有解释呢？

这是《庄子》中最美好的章节之一，不管它是否庄子本人所作。如果是伪作，就是伟大的伪作，浪漫的伪作，潇洒的伪作。它快乐而又忧伤，惨烈而又有趣，真诚而又玄虚，就像一个关于马的世界的童话。它像一个动画片，马蹄踏着雪路，马匹昂首而行。马的毛皮抵御风寒，在严冬的大风里储存着温热，热气从皮毛下蒸腾而出。马儿高兴地交颈摩擦，马群的团结友爱令人羡煞。它们追随着草地与水洼生存，它们生活得辽阔而且自由。它们有时也闹点小矛盾，互相尥尥蹶子，嘶鸣几声，撒完了气，很快又不言而归于亲好。它们生活在最美丽的草地，不管是平原、丘陵还是山谷，皆在一片绿色之中。什么叫天堂？就是野马纵情奔驰的地方，就是绿色的牧场，就是例如新疆的巩乃斯、纳拉提与喀纳斯，就是例如内蒙的呼伦贝尔草原！

这一章的故事又像是古代中华版的《阿凡达》，但比好莱坞大片早出现了两千多年。不是科幻，也不见得完全不科幻；不是童话，也不见得完全不童话；是寓言，但也不见得完全就是寓言。

看吧，在马匹快乐的天堂生活当中出现了不和谐的元素，随着类似『鬼子进村』的音乐伴奏，自以为是的马师伯乐出现了，他来收养、管理、分类甄别、编组编号、排列安顿、训练培育马群来了。马嗷嗷地叫着，伯乐捕捉着、鞭打着、恐吓着它们，摧毁了它们的意志，套牢了它们的脖颈，刺伤了它们的屁股，鞭打着它们的身体，吊起马腿，给它们钉上铁掌；烧红烙铁，给它们烙上烙印；剪齐鬃毛，剪伤耳朵，给它们统一形象；给它们留下记号，还套上颈木、笼头，嘴里塞进铁嚼，屁股上扣上后鞦，肚子上打上腹带，脊梁上备好鞍桥，两边垂下铁镫，跨上骑手，塞进车辕，拉上铁犁，关进厩圈……然后是旷日持久的马人之战。马当然不是人的对手，今日之伯乐不仅有铁刺与皮鞭，而且有麻醉子弹，有畜用镇静剂，有电击强驯化手段，有『无痛阉割』的兽医技巧，而且有

一 加锁又有何用，他偷走了你整个箱子

将为胠箧探囊发匮之盗而为守备，则必摄缄縢，固扃鐍，此世俗之所谓知也。然而巨盗至，则负匮揭箧担囊而趋，唯恐缄縢扃鐍之不固也。然则乡之所谓知者，不乃为大盗积者也？

人们为了防备翻箱撬柜开包的小贼，一定会捆紧绳索，加固锁销别棍，这是世俗所谓的聪明。然而大盗一来，干脆抄起箱柜、挑起口袋就走，唯恐箱包柜子关得不严实，锁得不牢固。那么，本来所谓的聪明人，不等于是为大盗积聚财富提供方便了吗？

非常奇特的思路，想想却全有道理，只是除了庄子再没有人这样说话与说这样的话。这样的话是庄子的一大发明。怎么那个时候的国人这样有创意，这样敢于并且善于说新鲜惊人的话？怎么后来再没有人这样说话与说这样的话啦？是说话人胆子太小，还是语境变化太大？

《红楼梦》第一回中甄士隐吟诵道：『甚荒唐，到头来，都是为他人作嫁衣裳。』在《共产党宣言》中，马恩则说：『随着大工业的发展，资产阶级赖以生产和占有产品的基础本身也就从它脚下被挖掉了。它首先生产的是它自身的掘墓人。』人的行为的后果有时是行为的动机的反面，庄子发现了这个秘密，这个规律。这是惊人的发现，这个发现有助于人们更好地反思，自己所做的所忙碌的一切，会不会其效果是适得其反？

故尝试论之：世俗之所谓知者，有不为大盗积者乎？所谓圣者，有不为大盗守者乎？

所以我要发表议论：世俗所谓的聪明人，有谁不是为大盗积聚财富的呢？而人们所说的圣贤，又有谁不是为大盗看管保护的呢？

当真令人叹息，聪明了半天，严密了半天，牢靠了半天，智是为大盗积累，圣是为大盗保管。原因在于，你只有小智小贤，你仍然是伙计，是打工仔，你是为老板在打工。所谓大盗就是盗得老板身份、老板权力的盗。所谓小盗，一般的盗，则只盗箱子、柜子、提包、口袋。人们的知识在于防小盗，保财物，而如何争夺老板权，即争夺权力，恰恰是诸子百家所回避的。包括老庄在内，他们提出了一些理想主义、乌托邦主义的命题，如『大道之行也，天下为公』（《礼记·礼运》）、『太上，不知有之……功成事遂……谓我自然』（《老子》第十七章）、『天下唯有德者居之』（《礼记·中庸》）等，但这些往往难于做到，于是变成了老板的包装。蓦然说出老板权的实质，捅破了这层窗户纸的，正是《庄子》外篇中的《胠箧》一章。

何以知其然邪？昔者齐国邻邑相望，鸡狗之音相闻，罔罟之所布，耒耨之所刺，方二千余里。阖四竟之内，所以立宗庙社稷，治邑屋州闾乡曲者，曷尝不法圣人哉？然而田成子一旦杀齐君而盗其国，所盗者岂独其国邪？并与其圣知之法而盗之。故田成子有乎盗贼之名，而身处尧舜之安。小国不敢非，大国不敢诛，十二世有齐国。则是不乃窃齐国并与其圣知之法以守其盗贼之身乎？

从哪里知道这个真相的呢？从前的齐国，一家连着一家，一村靠着一村，邻里间互相看得见，鸡狗之声互相听得见，方圆两千多里，到处都是捕鱼的网罟和耕作的犁锄（形容非常繁华兴旺）。在自己的四境之内，又是建立宗庙社稷，又是定规矩制度把一家一户组织成邑屋州闾乡曲的建制，何尝不是想按圣人的教导行政，来他个长治久安、铁打的江

山？但一旦田成子（原齐大夫陈恒）其人杀掉了齐王，盗得了齐国，他夺到手的岂止是一个国，还盗来了圣人治国的法度智谋。这样，田成子有盗贼的名分，人们会说他是窃国者，同时他享受着尧舜一样的安稳。小国不敢对其有什么非议，大国不敢对其用什么刀兵，他世世代代据有齐国。这不正是不但盗走了齐国，也盗走了齐国采用的圣人之智谋法度，用来保护他的盗贼之身吗？

这可坏了，却原来，知识、智慧、法度、谋略、圣人、道理、体制、学说、说法、理念都是既可以为A服务，也可以为B、C、D……服务的。庄子在这里碰到了一个复杂深刻的问题，即智力与知识的价值中立问题。当然不可能绝对中立，得民心者的智力应对，是失民心者所无法效仿的；胸怀宽广者的智力发挥，也是心胸狭窄者所一辈子学不到手的；与人为善者的态度、举止、风范，更不是仇视人类的与人为恶者所可以汲取的。但同时，有一些东西，有一些部分，又确实是有可能通用的。

尤其是我们国人所谓的『御民之术』，即驾驭人民的帝王之术。这个『术』太『伟大』，太需要包装，要讲许多高端的道理与原则，要让被驾驭者看了听了想了心甘情愿地被御，要让御人者——帝王们理直气壮地去御人。这样，一接触这样的话题，从圣贤到诸子百家都要往高深伟大里使劲。好的，驾驭人民，确实高深伟大、出神入化、感天动地、至尊至上；所有的伟大崇高又有可能至少在特定的时间、空间范围内变成一种术、权术、机变、谋略、窍门、手段，而术——手段就像工具或武器如手枪一样，谁拿起谁用，谁掌握了就服务于谁：能为圣人所用，也能为盗跖所用；能为唐尧、虞舜所用，也能为夏桀、商纣所用。夏桀、商纣完蛋了，并不是因为他们拒用帝王之术，而在于他们用得太过、太笨、太片面、太粗糙或太缺乏自信，最根本的，则是他们遇到了对手、克星，遇到了道高一尺、术高一筹的商汤与周武王。而田成子用了这样的术，并且取得了成功。

这里还有一个核心秘密：在中国叫做『胜者王侯败者贼』，在英语中叫做『Might is right』——有权的人总是对的，谁有权（威力）谁有理。历史是由胜利者书写的，圣人之道几乎也是由胜利者、权威者书写的。远在先秦时期，庄子已经看透了治国之道其实是为胜利者、权威者、权力者效力的。他干脆抨击一切道道、道理、学说、说法，尤其是在治国平天下上最为致力，从老庄的观点来看是相当烦琐、矫饰的儒家学说。他们以为用无为、齐物的观点把治国平天下的学说空心化、虚无化、零点化，才能拯救世界。当然，这更是幻想。

同时，我们可以从另一个角度来思考问题。并不是一切权力运作都畅通无阻，百战百胜，有的权力系统被例如农民起义或宫廷政变所摧毁、所颠覆。权力受挫、权力败亡的教训也是值得总结的。所以儒家致力于构建一套修齐治平的理念体系直到道德规范，去确定君君臣臣的道理。他们断言，君符合某种道德要求了，臣也符合某种道德要求了，就可以天下太平，权力就可以运作顺畅，这叫做邦有道。相反的情况叫做天下大乱，叫做国将不国，叫做气数已尽，叫做邦无道。我们可以用权力，用might来说明理念，也可以用理念、权力的运用是否right（正确），来说明权力的兴衰、行市与命运。所以在历史上末代皇帝差不多都是昏庸恶劣愚蠢之辈，而开国皇帝都是伟大明君。

庄子居然敢于说出这样另类的话，他在为君君臣臣的一套，为儒家的一大套道理祛魅。问题是他祛完了魅，并没有货色可以代替，《论语》《孟子》的地位仍然是高于他的《南华真经》。

尝试论之：世俗之所谓至知者，有不为大盗积者乎？所谓至圣者，有不为大盗守者乎？何以知其然邪？昔者龙逢斩，比干剖，苌弘胣，子胥靡。故四子之贤而身不免乎戮。

我们接着试作论析：世俗所谓绝顶聪明的人，有谁不是为大盗积累财富的呢？所谓的至圣，有谁不是为大盗看守保护的呢？从哪里知道呢？从前，夏之贤臣龙逢为桀所杀，商之贤臣、纣王的叔叔比干被剖心，周灵王的贤臣苌弘被刳肠（一说为车裂），吴之贤臣伍子胥被杀，尸首抛到江里烂掉。他们都是按照圣人君君臣臣之法度而被害的，他们再贤明，也逃脱不了被杀害的命运呀！圣人的法度再伟大，也保不齐会用来迫害忠臣啊。

庄子相当愤激，这一段说法更像是『愤青』或愤而不青者之控诉，而绝对不是槁木死灰的此亦一是非、彼亦一是非。这里是试图抹去人们尤其是士人们的道德盲点，以为自己按道德教义行事，按圣人制定的规范行事就多么好多么有把握成事。错啦，越是愚而德或者尤其是智而德，越是自取灭亡。痛哉！

我们现在有潜规则一说，庄子讲的就是当时的潜规则、潜理论、潜事实。从此段可以联想到许多说法，许多明言著词后边的潜道理：

一个是以其人之道还治其人之身。这说的也是『道』，其人之道，圣人搞出来的御民之道，正好由被你御的哪个民之一用来御你，只要你们俩位置一换，你的道对他来说，完全是现成完备、得心应手。当然也会有区别、变化乃至进步，与时俱化嘛。老子谈道，不是说一曰大二曰逝三曰远四曰反（大、多变、长远，而且反复）嘛，就是说御民之道也是可能变来变去的。但是从根本原则、根本道理上说，从圣人之所以成为圣人的基本贡献来说，例如君君臣臣、父父子子、尊卑上下、主从纲目的一套说词直到操作，又是基本不变的。这样的一套儒家之道，只要地位一变，正好用来管制他人。

按相声的说法，这个道理可以叫做『变心板』原理。儒家道理的核心是承认人与人是不平等的，这个不平等要有一定的合情合理的规范。问题在于你能否取得君、父、师的地位。相声里说，公交高峰时期，对已经上了车门脚踏板的乘客，管理者强调的是往里走，里边空着呢；对挤在后面尚未踏上脚踏板的乘客，则需要强调：『等下辆！等下辆！』乘客呢，正相反，没有踩上车门脚踏板的，喊的是：『往里走！』踩上脚踏板的，喊的是：『等下辆！』所以说，公交车的脚踏板乃是人们的『变心板』。一个没有踩上变心板的人，可能反对君君臣臣之道，而一旦上了板，立刻就会拿过现成的其人之道为我所用了。庄子愤世嫉俗地大讲这一切道道最后都是为盗所服务，道理即在此。

当然，儒家之道在御民的同时也对皇帝提出一些道德操守的要求，对御者也有一定的约束与监督。问题在于，御者、尊奉大成至圣先师者们并不老老实实地按儒家的条条做。不身体力行孔子的教导，谁也拿他没办法。

第二个是前面已经略提到的为他人作嫁衣裳。封建社会搞出来那一套御民之术，正好提供给你的对立面、你的仇家、你的对手来收拾你。不错，资产阶级为自己培养了掘墓人无产阶级，可是，许多封建王朝，许多帝王，许多大人先生，许多能人、高人、压人一头的人，没有为自己培养掘墓人吗？大家都是这样做的。世界上既然有了以其人之道还治其人之身，就必然会有以自己之道还治自己之身。既然有可能自己为他人作嫁衣裳，也就有可能他人为自己作嫁衣裳，或办嫁衣裳、换嫁衣裳。既然圣人要一言而为天下法，匹夫而为万世师，就必然有对立面一言而破天下法，匹夫巧夺

万世师。争夺是永远的，盗窃是永远的，封锁加固之法之道也是永远的，为谁辛苦为谁忙的困惑也是永远的——位置却是变来变去的。能不慎乎？能不疑乎？能不明乎？能永远糊涂下去乎？

还有一个在封建中国广泛流行的说法，叫做『以暴易暴』，这样的说法首先来自经验。打庄子那个时候，中国历史的特点之一是充满了争夺政权、争夺王位、争夺『龙』位的血腥斗争，改朝换代以及本朝中的政变、兵变、宫廷喋血，屡见不鲜。然而，御民之术并无大的变化，仍然是君君臣臣民民的『圣人之道』，是金字塔式的封建主义专政体系，仍然是剪除异己、血缘裙带、阶级压迫、超经济剥削那一套。不是以暴易暴，又是什么？当然，以暴易暴的另一面有对于暴的抑制与平衡作用，虽然这种平衡与多元制衡的理论不相干，这是一种在时间纵轴上的平衡，这是一种以血抵血，以命抵命的抑制。过分的昏君暴政佞臣，其下场是令人发抖的覆灭败亡。体制上长期停滞不前的另一面或另几面，即是除了以暴易暴这一面外，也还有以糊涂易糊涂，以凑合易凑合，乃至某种时候以旧日的太平无事，易成新朝蜜月期的太平无事的许多不同的方面。庄子的奇怪的说法当中，包含了对于成为争夺权力者的幌子的圣人之道的不相信不承认，包含了对于圣人之道本身的缺乏信心，包含了对于国君、大臣、圣人的并不认同，是有其可贵之处的。但一味地怀疑否定的同时，庄子提不出替代的方略、原理或者体制来。庄子只能讽刺，说反话，给当时主流的一切泄气，却没有闹出一个积极的取而代之的出路。

二　庄子戳穿了一个秘密：盗亦有道，道亦可盗

故跖之徒问于跖曰：『盗亦有道乎？』跖曰：『何适而无有道邪？夫妄意室中之藏，圣也；入先，勇也；出后，义也；知可否，知也；分均，仁也。五者不备而能成大盗者，天下未之有也。』

所以，盗跖的门徒请教跖：『师傅您说，强盗是不是也有自己的道（规矩、法度）呢？』跖回答说：『哪儿能没有道呢？揣度某一家某一室中有无或有多少有什么样的财宝，这叫圣明；行盗时抢先入室，甘冒风险，这叫勇敢；得手后撤离，走在后边，负责断后，这是讲义气的表现；知道可做不可做，这叫智慧；有了赃物，分配平均，这叫仁德。没有这五条修养而想当成有头有脸的大强盗，普天下是找不着这样的例子的。』

太妙了，盗亦有道从此成了国人的口头禅。庄子太超前了，他早就告诉我们，千万不要以为圣人或权力或正宗或主流能够垄断道、道德、仁义礼智信、真善美……这些堂皇概念，强盗也照样会有或已经具有强盗的道、道德、仁义、智勇……这既振聋发聩，又触目惊心，既奇谈怪论，又更上一层楼。这里还真有点造反有理的意味。既然盗亦有道，当然盗亦有理。例如，按照朝廷及当时多数百姓的观点，梁山好汉是强盗，然而这些强盗，不是也特别讲义气讲规则，直到有的人还讲忠君、讲造反实是不得已吗？他们的排名顺序也是规规矩矩的，讲尊卑长幼，符合至少是部分地符合儒学。再说恐怖主义，从国际政治直到国内政治的维度，我们是坚定地反对恐怖主义的。但是，难道恐怖主义者就没有自己的一套精神资源、精神能力与价值悲情吗？当然有。所以仅仅靠军事力量是无法达到反恐的目的的。只有从政治上、经济上、文化上全面地思考国际社会所面临的问题与挑战，并做出全面的适度的与聪敏的应对，并且准备付出一个相当长的历史时期，付出巨大的努力和代价，才能从根本上解决恐怖主义的问题。美国在军事上经济上都是如此强大，却在两场反恐战争之中身陷泥淖，进退维谷，他们就是太不懂得盗亦有道的道理了。

这一点启发我们，为了战胜对手，必须尊重对手。

让我们进一步分析一下，什么叫盗亦有道呢？庄子以此来说明圣人之道也可能为强盗所用，从而贬低所谓圣人之道的意义，祛除圣人之道的魅力、压力、光环与高高在上。但是，也许此篇的作者始料不及，你既然讲盗亦有道，盗做事盗偷盗也要通晓人情世态，研究人与财宝的流动规律，团结己方人士，相互配合掩护，麻痹防盗体系，防备被警察捉住，提高『效率』，降低『成本』，也就等于说道与盗有同一性，有互相转化的可能。

盗亦有道的另一面肯定是道亦有盗，任何自以为或被以为得道者，都仍然有自己的欲望、私利与人性弱点，因此他掌握理解的大道，都有被窃取、被利用、被歪曲、被自觉不自觉地曲为解释，使之成为自己某些行为的借口，成为自欺欺人的遮羞布的可能。而道被窃取、利用、歪曲以后呢，道本身变成了强盗逻辑，圣人有可能自行变成盗跖。

而另一种情况下，胜者王侯败者贼，胜利了的有道之盗跖，也并非不可能变成圣人。王侯将相，宁有种乎？圣贤师表，宁有种乎？在一定的条件下，盗道道盗，互相否定也互相学习，互相参照也互相转化。不是吗？你以为诸侯也罢，大臣也罢，百姓也罢，圣贤能人（如屡屡被外篇抨击的那些人）也罢，他们就有权力、有能力、有威信确定盗与道的差别，划分盗与道的鸿沟吗？

先秦诸子百家，其学术盛况与争鸣氛围固有其灿烂辉煌之处，然而这些几千年前的天才人物，努力兜售的核心货色正是其帝王之术、御民之术，当然也包括了某些民本、爱民、合情合理地调节与规范君臣、君民、臣民的关系的思想（以儒家为代表）。只有庄子讲御民讲得少一点，但也没有完全死心，他在《人间世》里，在《应帝王》里，仍然

没有放弃他的齐物、养生、无为、无用、无争，没有放弃任其自然的修身齐家治国平天下的奇术。但他毕竟退而求其次，他清醒地知道并不是每一种御民之术都派得上用场，有的人一生搀和不进御民大业，成不了帝王师，却成了帝王御民的法术邪术的牺牲品。连脑袋都保不住，还御得了哪个小民小物？

庄子与其他各『子』的区别在于他实现了论说重点的转移，他更着重的是士人个人的精神与生命救赎，而不是御民上的丰功伟绩。请看，盗亦有道，那么道亦有盗——即满口仁义道德的大人先生，满腹经纶的君君臣臣们，也有这样的那样的一肚子男盗女娼。所以，庄子对儒家学说说：『我不相信。』他转而教给你一点终其天年之术，槁木死灰之术，在大臭椿树下高枕无忧之术，乘着大葫芦浮游于江河湖海的流浪之术。而且，他告诉你不要那么相信礼法，不要相信仁义说教，不要相信圣人的封锁加固，不要相信严防扒手的措施与操劳，这样，至少多一点内心的解放，自我的解放，精神的平安，直到精神上的逍遥自由。

庄子在这里又是齐物，又是胠箧，他告诉我们，御民之术，帝王之术，可以被真正的帝王所用，也可以为冒牌的盗贼如田成子之流所用。敏哉庄子！利哉庄子！澄明如镜哉庄子！目光如炬哉庄子……他热衷于祛魅。然而，又有什么办法呢？庄子于是大骂一切御民之术之论之道，旁及一切学问、道理、主张、文化、文明、逻辑、思辨、智谋、知识……痛哉庄子！

由是观之，善人不得圣人之道不立，跖不得圣人之道不行。天下之善人少而不善人多，则圣人之利天下也少而害天下也多。故曰：唇竭则齿寒，鲁酒薄而邯郸围，圣人生而大盗起。掊击圣人，纵舍盗贼，而天下始治矣。

这样看来，没有圣人之道的宣讲与接受，好人善人是树立不起自己的好的善的形象与被认同的。（王按，有这一句话已经为儒家找补回地位与贡献来了。）同样，盗跖不学会点圣人之道也是行不通的，他多少也要按圣人之道来从事盗窃活动（才能聚集同伙，达到目的，减少风险）。天下的好人善人并不占多数，不善良不太好的人比较多，那么圣人那一套主要是帮助了坏人强盗，对于天下的害处是多于好处的。所以说，如果没了嘴唇，牙齿也就受凉受伤害了（正像晋侯假道虞去攻打虢，然而虢亡了，虞也就暴露出自己来了）；鲁国供应的酒水质量太差了，于是楚人去伐鲁，梁惠王知道此时楚无暇救赵，乃趁机包围了邯郸（天下的许多事，表面上看并无关联，从主观意愿上甚至是恰恰相反。虞同意晋侯假道伐虢，是为了不得罪晋侯，有利于自身的动机却危害了自身；鲁国的酒水质量问题，也与邯郸的安危或地位无关。一些事物的因果关系可能是你想不到的）；圣人诞生，大盗反而兴起。谁想得到，只有打击与压制圣人，释放与纵容大盗，天下才有救啊！

这个逻辑振聋发聩却又不无强词夺理。不是齐是非、同彼此吗？你庄子或假托庄子之名者，在这里掰扯善人与不善之人干啥？你要是想得通，你要是真的齐物，你的善人圣人，与大盗盗跖，能够分得那么清晰吗？你说是提倡仁义的圣人客观上也许给伪君子提供了幌子，那么提倡齐物的庄周，会不会客观上进一步给一切坏蛋败类提供了口实呢？

这里的《庄子》有另类理论，叫做『天下之善人少而不善人多』。这似乎有点性恶论的味道。中华古圣先贤，一般是主张性善论的，就是老庄，提倡自然，提倡无为，向往婴儿，向往三代以前，也有性善论的意味。但这里突然说了一句『善人少而不善人多』，并因而断定圣人利天下少害天下多，很别致，对于泛道德论、唯道德论、修身决定论是一个有力的质疑。只是因为此说太另类了，太不正统了，故而历史上没有深入研究下去，此说也没有对社会思潮乃至文化走向发生多少影响，更没有从而通向法制思想。

这样的另类理论同时带来了逻辑上的危险。如果说天下不善人多于善人，圣人的一套是便宜了更多的不善之人，那么，岂止是圣人的法度规范，一切社会的物质财富与精神财富的产生，都可能是有利于多数的不善之人。你发展了生产力，坏人先趁机提高自己的消费水准。你制造了先进武器，更是首先便宜了坏人。你改善了信息手段，首先便利了毒贩、间谍、黑手党与恐怖集团。你发明了新药新医疗手段，首先延长了的是坏人的寿命。按照这样的理论，人类的社会应当解散，人类的科学、文明、生产力的进步与发展应该叫停。庄子的不善人更多的发现，在带来清醒的同时，也带来了困境与窘态。这里似乎应该深入下去讨论：第一，善与不善不是绝对的，既然天下『皆知善之为善，斯不善矣』（《老子》第二章），那么天下皆知不善之为不善，斯善矣。第二，不善者也有生的权利。第三，不善者有向善的可能。第四，人群中的杰出者也好，社会精英也好，圣贤也好，他们做的不应该只是分辨谁善谁不善，何况他们的判断未必有效，他们更应该做的，是通过制定法律与有效的行政管理准则来抑制恶行，通过教育来使更多的人向善，通过文明的发展与积累，使善渐渐占领精神的高地。是的，随时会有不善者利用你的文明成果的可能，但碰到什么新问题就应该解决什么新问题，而不是因噎废食，从此对人类与人类文明绝望。

这里同时不小心撞上了一个大问题，关于因果关系，关于愿望与事实，动机与效果，关于逻辑的意外性与奇异性。A果变成了B因，B因又造成了C果，C果变成了D因，又引起了E果，因因果果拐了几个弯以后，因与果的关系会

变得离奇起来，例如文中所说的『鲁酒薄而邯郸围』。鲁酒质量不合格与赵国与邯郸本不相关，但是鲁酒假冒伪劣的结果使赵国的首都邯郸倒霉。这就是我们常常说的意外，就是如黑格尔所说，历史与人开玩笑，你想进一间屋子，结果是进了另一间屋子。在算术运算中，1+1一定等于2，而在历史事件、政治事件中，由于因果链条的曲折与长度，1+1不一定准是2，而是1+1=X，X是个未知数。圣人之道是为了在仁义的标准与名义下实现天下太平、君君臣臣父父子子，即为尊卑长幼的社会结构制定一个合情合理的规范。他们以为，现有的君臣父子关系的存在是1，仁义道德的规范是又一个1，两个1加在一起一定是2，即国治与天下平。但是政治历史的因素太多，不只是一个1，而是N个1，而且政治历史当中不但有加法，更有减法：仁义道德的规范的出现正好证明了这样的规范是可以被破坏的，证明1-1是可以等于0的，这样复杂的得数就更是天知道了。想想看，如果从来没有也不可能有破坏仁义规范的事情发生，还提倡个仁义做啥？圣人不需要提倡人饿了要吃饭、渴了要喝水，因为基本上不存在反吃饭反喝水的挑战。至今仍然是这样，着力提倡什么，往往会被认为是某方面有所缺失的症候。那么规范的出现反而启发了乱臣贼子去破坏规范，颠覆权威与圣人之道，这样的X又是谁想得到谁来负责呢？

这就像当时已经被人们熟知的典故，唇亡齿寒。且慢，莫非道盗也有唇齿相依的关系？圣人之道、御民之术越是讲究，越是将御民危机、道德危机、大盗纷涌而起的危机暴露在天下万民之前。唇亡齿寒，母壮儿肥，道高一尺、魔（盗）高一丈，那么道低一尺，魔（盗）低不低一丈呢？在一定的——不是绝对的、无条件的——条件下，正面的提倡、积极的概念、仁义道德的宣扬，收到的可能是负面的效果，这里还没有讲过分的提倡结果造就了虚报成绩、言行不一，一级压一级的结果多半是一级骗一级。

那么请问绝对不宣扬仁义道德如何？不宣扬就好了？连宣扬都不宣扬，能好得了吗？如果说当今的提倡见义勇为是说明了见义勇为者之缺少，不提倡了，能增加见义勇为者的出现吗？

还有，唇亡的结果如果不是齿寒，反而是脚底板寒呢？你想得到吗？鲁酒薄而围邯郸，太有趣，表面上是无厘头，是风马牛不相及，实际上是阴差阳错正打歪着。这叫做凡因皆有果，啥果，你可不知道，连上帝都未必知道。鲁国的酒掺了水，楚国要兴师问罪，看来楚国挺牛挺横，梁惠王却趁机围邯郸，此时与赵国关系良好的楚国已无力救援了。这样，鲁酒的成色口感问题与邯郸与梁惠王就密切相干上了。这甚至使我想起乔治·布什总统去攻打阿富汗与伊拉克，结果反而提供了机会，出现了令美国及其盟友相当头疼的其他『大规模杀伤性武器』事态。圣人的仁义道德，御民有方，能够旁生岔生出什么后果呢？数千年之后的读者，您就慢慢回顾历史，联系现实，咂摸这个滋味吧。

三　庄子的惊世之论：圣人不死，大盗不止

夫川竭而谷虚，丘夷而渊实。圣人已死，则大盗不起，天下平而无故矣！圣人不死，大盗不止。虽重圣人而治天下，则是重利盗跖也。

河水枯竭了，谷底洼地才能真正显示出它的虚空容量（或者是说，河水枯竭了，也就冲刷不成新的溪谷了）；把山丘夷平，深渊也就充实起来了，至少是不显深洼了。圣人死光了，向圣人挑战较劲的大盗也就不需要起事闹事了。没有挑战者、造反者、对立面，天下不就太平和顺无故事无事故了吗？只要圣人不死，大盗就会不断产生。所以说，

谁要是尊崇圣人，提倡圣道，谁就是实际上在那里推崇盗跖，在那里创造有利于盗跖出现的环境呢。

这一段讲得绝妙而又深刻，与老子喜欢讲『天下皆知美之为美，斯恶矣，皆知善之为善，斯不善矣』一样的道理。任何推崇、提倡、表彰、评比，老庄认为都好比把一个香饽饽摆在那里，然后号召天下人去争夺，去占有这个地形或这面旗帜、这枚金质大奖章；于是去伪饰包装，去排除对手，去争名排名次，争奖励奖金，至少也是去忽悠作秀。干脆没有香饽饽，干脆没有好坏香臭，没有圣贤与不肖、圣人与大盗的区别，圣人不去教训你、约束你、包装你，你也用不着另类、逆向、挑战、叛逆。没有仁义，又何有残暴之念？没有选美，又何必有丑八怪的绝望与变态？没有礼乐等规矩形式，又何有各种挑剔、责备、抱怨？没有先进分子、积极分子，哪儿来的落后直到反动分子？

这里的『圣人不死，大盗不止』之言，非常极端也非常惊世骇俗。我想这里指的是：一，圣人是有影响力的，圣人的一套理念掌握了群众，变成了力量，变成了旗帜，于是变成了纷争的缘由，变成了假公济私的招牌，使得对于真理的探讨变成强权的较量。英国前首相布莱尔在英国国会作证时说，对于『九一一』事件的反应，必须强有力、清晰、不可抗拒，就是一例。二，原来只有窃物窃财者，有了圣人就有了窃旗帜窃理念窃解释权者，叫做欺世盗名者，欺世盗名者窃的是国。三，圣人之论有其可取处，但也往往会有一相情愿处，有薄弱处。这些弱处被糊涂人、偏执人、别有用心的人所利用，能够使圣人之道变成害人之道，如西方哲学家所言，堕入地狱的陷阱，是由升入天堂的愿望修筑而成的。四，你说你圣人，我说我圣人，天下岂不大乱？五，圣人之说使百姓陷于盲目期待，不相信自身却相信圣人、斗士或者大师。六，圣人高高在上，精英意识特强，肯定自命什么『思想者』，其实说不定脱离实际、脱离群众、脱

离常识。肯定还有七、八、九……慢慢琢磨去吧。

这些说法都有一定根据，任何过分与超出了理性限度的提倡、推崇，都会产生弄虚作假。例如举孝廉时期有过种种不近人情的伪孝廉，例如『文革』中的讲用，更是不伦不类，大大地靠不住。

我们还可以举一个最切近的例子，各种文学奖金，在引起羡慕的同时，也引发了批评非议。大奖大争议，小奖小争议。真正的好书，例如《圣经》，例如《庄子》，例如《红楼梦》，例如《神曲》，与哪个奖有关呢？凡人发奖，必有凡俗意味。怪人定奖，必有怪诞情趣。国王发奖，必有君主陛下之风。领导批奖，则有官员味。中低档智商者营奖，最多也只是关注中低档书籍中相对好一点者，而不可能奖励真正的杰作。但是反过来说，让文学冷冷清清就一定好？也不一定。冷冷清清写作的人多如牛毛，真正写得好的绝无仅有，发发奖，热闹一下，于万民害少利多，至少有利于提倡写字识字读书，至少胜过黄赌毒贪渎犯罪。

所以说，如果掌权者、老板们、名人们、有影响者们全然撒手撤劲，吗事不干，其结果呢，好人出不来了，坏人照出不误，也并非不可能。一个花园如果取消一切园丁的劳动与管理，当年的赫胥黎在《天演论》中就讲过这种情况，其结果不但是花园的荒芜，更可能是恶草的蔓延与名贵好花的灭绝。奇怪，与老庄的设想相反，许多美好的花卉，例如郁金香与百合花，需要大量劳动加以栽培、扶助、管理，一任自然的结果只能是衰败、荒芜、恶化、灭亡，而各种恶劣植物，却常常具有超强的繁衍生存能力。动物也是这样，苍蝇比熊猫好活得多。好人是需要教育辅导的，坏蛋却容易自然产生。老庄的道理有其片面性与不可操作性，很遗憾，是这样的。

为之斗斛以量之，则并与斗斛而窃之；为之权衡以称之，则并与权衡而窃之；为之符玺以信之，则并与符玺而窃之；为之仁义以矫之，则并与仁义而窃之。何以知其然邪？彼窃钩者诛，窃国者为诸侯，诸侯之门而仁义存焉，则是非窃仁义圣知邪？

你制作量度容积的斗啊斛啊，结果盗贼不仅盗窃你的粮食，连同你的斗与斛也一并盗走；你制作计斤测两的天平杆秤，结果盗贼不仅盗窃你的金银财富，连同你的天平杆秤也一并盗走；你制作符玺信物，大盗不仅窃取你的权力地位，连同你的符玺信物也一并盗走；你制定仁义准则以校正百姓的行为举止，大盗不仅夺取你的江山，连同仁义之类的行为准则也归了他，用来忽悠解释并衡量百姓教导百姓啦。（圣人制定了贤愚不肖的标准尺度，大盗不但夺取财富与权力，连同标准尺度也盗走了。从此，合格不合格，够不够斤两，全听大盗的了。）从哪里知道会是这个样子呢？请看，你偷窃一只钩，会被杀掉砍掉；你盗得一个国家，就代替原来的君侯成了新的君侯啦。你看，迈进了诸侯的门槛，到处是仁义道德的鼓吹言谈，这不就是证明吗？你只要是占据、窃取了诸侯的地位权力，连同仁义呀圣智呀，就都被你占有，也就是堂而皇之地窃取成功、功德圆满啦。

好厉害的庄周，他不但发现香饽饽是可以争夺窃取的，而且发现香不香的判断权、价值观念的解释权、衡量权与适用与否的终审权，也是可以争夺窃取的。一切被推崇、提倡、珍爱的东西，都是祸害之源、争夺之根、虚伪之由，占有与窃取的教唆者，是一切罪恶的源头。

『诸侯之门而仁义存焉，则是非窃仁义圣知邪？』这句话说得何等锐利而且沉痛！你的地位上去了，权势上去了，

不但权位归了你，连仁义道德圣知的美名也归了你啦，呜呼痛哉！至于『窃钩者诛，窃国者为诸侯』的名言，甚至于常常成为革命者的动员令啦。主张大而化之、大而无当、槁木死灰、称颂闻道则眠（见后文）的《庄子》一书中竟出现了这样的『造反有理』言论，人们，我是爱你们的，你们要警惕啊。

这后面的祈使句出自捷克共产党员、烈士伏契克的书《绞索套着脖子时候的报告》。

故逐于大盗，揭诸侯，窃仁义并斗斛权衡符玺之利者，虽有轩冕之赏弗能劝，斧钺之威弗能禁。此重利盗跖而使不可禁者，是乃圣人之过也。

所以说，那些追随大盗、窃国窃圣、标榜诸侯君王之位之威，又窃取了仁义之名声、价值之解释权、符玺信物的影响力公权力等所带来的利益的人，不会听取任何人的劝喻。有升官发达光宗耀祖的好处，他也不会改恶从善；有受到斧钺刀枪严惩的危险，他也不知止步。这样，巨大的利益使得盗跖现象成为禁止不了的了，这都是圣人的罪过呀。

现成的例子就是陈水扁，他是一个很有道道的人，而不是一个傻子。他是一个利用了许多现代之道而窃取了高位的人，他尝到了诸侯之荣威，占有了仁义、斗斛、权衡、符玺的巨大利益，绝对的权力带来绝对的腐败，到了这时候，九条牛也拉不动他，他不可能转过弯来……这是谁之过呢？当然是陈个人之过，但同时，是什么东西能被这样的人利用成这般田地呢？难道这不值得深思吗？

庄子告诉我们，能够被盗窃的不仅有物质，也有精神、理念、概念、旗帜、符号、图腾、称号，还有某种基本教义——原教旨主义；那么，那些制定基本教义的所谓圣人，不就有责任了吗？

这是庄子的一大发现，一大发明。

圣人是制造教义——意识形态——理念的人，他的理念可能很美好，很合理，很激动人心，很富有吸引力，但他的理念再好也不可能完美无缺。而当理念被放大被实力化被绝对化时，即使此理念上的一个小小的漏洞也可能在实践中变成大谬，甚至导致祸国殃民的灾难。例如民族感情、民族尊严、民族自觉本来是很好的东西，如果发展成了分裂主义、极端民族主义乃至法西斯主义呢？当然就很糟糕。甚至于，让我们假设，制造某种教义、理念的圣人其时的论说体系完美无缺，超级完备，比如某一种经写在那儿了，固定下来了，如何发展下去就是后人的事儿了。圣人不可能一代一代地奉陪着诸位接受他的理念的人生活下去、战斗下去，他不可能对每一个宣称信仰他尊奉他的人负责，偏偏他的教义极受欢迎，尊奉他的人多如过江之鲫，中间什么货色都有，投机者、骗子、白痴都有，那么他的教义会起些什么样的作用呢？

故曰：『鱼不可脱于渊，国之利器不可以示人。』彼圣人者，天下之利器也，非所以明天下也。故绝圣弃知，大盗乃止；掷玉毁珠，小盗不起；焚符破玺，而民朴鄙；掊斗折衡，而民不争；殚残天下之圣法，而民始可与论议；擢乱六律，铄绝竽瑟，塞瞽旷之耳，而天下始人含其聪矣；灭文章，散五采，胶离朱之目，而天下始人含其明矣。

所以说：『鱼不能脱离开深水，而国之利器，国家最有用的致命武器，不可以拿给别人、俗人看视。』那些圣人的御民之术，是君王大臣们取天下的看家本领啊，并不是要让天下都学得这样聪明明白。只有再也不公开地讲什么圣人呀智慧呀，才不会有大盗谋国谋政；抛弃掉玉石，毁坏掉珍珠，小盗也就没的想了；把信符烧掉，把印玺劈烂，百姓就会纯朴老实了；砸掉斗器，撅折秤杆，百姓也就不会谁多了谁少了争执不休了；毁弃天下的圣贤法制，老百姓也就能参与议政，官员也就能与百姓找到沟通的可能，用不着疲于概念的抽象争论了；打乱六律、乐谱、和声、调性，破坏掉乐器，堵塞住师旷之类的音乐大师的耳朵，天下百姓也就学会保持含蓄自身的听觉与发声能力了；毁坏各种图案、文饰、色彩，把离朱这样的目光明利之人的眼睛粘封掉，天下百姓也才能懂得保养含蓄自己的观视与绘图能力、造型能力。

这里有一个重要的字：含。庄子提出人的智慧能力要含而不露，这才叫『鱼不可脱于渊，国之利器不可以示人』，人之耳聪目明也应该内敛积蓄，深藏不露，有点老子说的『知其白，守其黑』（第二十八章）的意思，或者是被黑格尔赞赏的将自己隐藏在无边的黑暗中，而观察寻找光明的意思。无论如何，这更像谈兵法，而不像谈文化。也许御民与用兵一样？也许御民要反对外露张扬的视听文化？把圣人看成不可示人的国之利器，把他们隐藏起来，免得以之明示天下，这是不是有点阴谋主义加寡头政治的味道？

重含蓄，也不无重混沌的含义。不要太清晰，不要太外露，人的技能与智慧也不要太发展，这样才能做到朴鄙，保持原生态，简单化，才更有操控的空间。呜呼，妙哉亦悲哉！

前面一直在指责圣人，这一段却说圣人是国之利器，非以明天下的。那么是否可以说，圣人的罪过是把治国平天下之道讲给了天下百姓，圣人本应该一直藏着掖着？这样的说法似乎难以苟同。但有一点是对的，如果一个国家的亿万人民都在讨论治国平天下之道，如果政治变成了全民热点狂点，不会是好事。『文革』动员了全民，尤其是

动员了青少年，叫做群众真正发动起来了，如何呢？一个正常的社会，公民关心国家政治，履行公民的义务，行使公民的权利，与尊重社会分工、各司其职、恪尽职守，同时尊重旁人在自己的领域里的工作，是应该妥善地结合起来的。

有一句话精彩，我忒想对之有所发挥：说是『殚残天下之圣法，而民始可与论议』，把圣人的那一大套毁弃掉，才好与老百姓沟通交流，老百姓也才好参政议政。话虽说得过一点，但很有启发，其核心含义应该是不可将治国理政过分理念化、高调化、意识形态化、价值观世界观化、豪华七彩化、教条化、概念化、念念有词化、雄心壮志冲九天化，也不要太智谋计策化与防范周严滴水不漏化。庄子要的只是施政的人性化、天性化、生活化、适当淡化、平实化，以至于低调化。否则与民论议，一张口就是空谈名词帽子抽象强辩，老百姓不明白也无兴趣，互不搭界，只能是统治脱离民众，只能是真实情况上不来。这些虽是一面之理，实有宝贵之处。

毁绝钩绳而弃规矩，攦工倕之指，而天下始人有其巧矣。故曰：大巧若拙。削曾、史之行，钳杨、墨之口，攘弃仁义，而天下之德始玄同矣。彼人含其明，则天下不铄矣；人含其聪，则天下不累矣；人含其知，则天下不惑矣；人含其德，则天下不僻矣。彼曾、史、杨、墨、师旷、工倕、离朱，皆外立其德而爚乱天下者也，法之所无用也。

毁掉直尺、角尺、钩绳、规矩，折断巧匠的手指，天下人才会有真正的巧、大巧。所以说，大巧恰似拙笨，或大巧与拙笨相通。去除掉曾参、史鳅的德行，钳制住杨朱、墨翟的雄辩，把什么仁义之类的说教远远抛到一边，普天下的价值观念才能得到根本上的统一（各种花言巧语、奇谈怪论、胡说八道、大言欺世才能得到抑制）。人们如果能够做到保藏目光之明，天下就没有花里胡哨或者奇形怪状了；人们能够保藏耳力之聪敏，天下也就没有那么多忽悠、混乱、干扰了；人们能够内敛自己的智巧，天下也就不会有那么多争论、困惑了；人们能够内聚德性，少讲一点德行啊规范啊什么的，也就没有相反的乖戾与另类啦。所以说，那些个能人名人，什么曾参、史鳅、杨朱、墨翟、师旷、工倕、离朱等人，都是把能耐暴露张扬到外面、表面，迷惑耳目，扰乱人心，那些都不是正宗的法度啊。

这里确有反智主义的端倪。从某一面说，或有道理。能人越多争论越多，能人越多挑出来的毛病也就越多。能人太多，还不好驾驭指挥。一个和尚挑水吃，两个和尚担水吃，三个和尚没水吃，老祖宗早总结出来了。有个把能人不可避免，关键在于他的能干不能表露出来。能人的能干一表露，庸人、蠢人、恶人也多少学会了一点皮毛手段，伪能人、伪善人、伪君子、伪巧人都出来了。他们成事不足，坏事有余，不但添乱添堵制造危殆混乱，而且他们的出现使能人、名人大大掉价。恶劣政客败坏着政治的名声。下三滥的文艺从业人员，使文坛艺坛名声逆风臭出千里。三聚氰胺事件一出，给了牛奶业重大打击。南京某商家某次月饼用头一年馅子的事曝光，使得上海的同名品牌也跟着完蛋。能人名人，到了庄子眼里成了祸根罪首，着实令人可叹。

反过来说，如果根本取消掉、消灭掉所有将自己的能干表露出来的能人名人，音乐界要除掉师旷，自然也就永远不会有音乐家、乐师、演奏员、歌手。工匠里去掉工倕，日后也就不可能有鲁班。学者里不可以有杨、墨，那么怎么可以有把握会留住您庄周与老子？如果中国一直保持混沌朴鄙的原始状态，这个国家这个民族能存在至今吗？我们的

命运和美洲的印第安人、澳洲的原住民，及新西兰的毛利人能有什么区别？

但是，深刻如老子、智慧如庄周的至今声名赫赫的大家，为什么会发表出这样极端这样狠毒（如说要撅折工倕的手指）的主张呢？

四　是智巧与知识造成了乱局吗

> 子独不知至德之世乎？昔者容成氏、大庭氏、伯皇氏、中央氏、栗陆氏、骊畜氏、轩辕氏、赫胥氏、尊卢氏、祝融氏、伏牺氏、神农氏，当是时也，民结绳而用之。甘其食，美其服，乐其俗，安其居，邻国相望，鸡狗之音相闻，民至老死而不相往来。若此之时，则至治已。今遂至使民延颈举踵，曰『某所有贤者』，赢粮而趣之，则内弃其亲而外去其主之事，足迹接乎诸侯之境，车轨结乎千里之外，则是上好知之过也！

您就唯独不知道至德至圣的古代理想盛世吗？从前的（王按，应该是传说中的）容成氏、大庭氏、伯皇氏、中央氏、栗陆氏、骊畜氏、轩辕氏、赫胥氏、尊卢氏、祝融氏、伏牺氏、神农氏时期，那时候不用文字，用绳子结个扣来记载事由。那时的百姓吃得香，穿得满意，喜爱自己的风俗习惯，住得踏实，邻国互相看得见，也听得到邻国鸡呀狗呀的叫声，但是人们到老到死也不相往来。你看这样的治国有多么到位！现在呢，可了不得了，老百姓伸着脖子踮着脚寻找哪儿哪儿有贤人，带上粮食前去投奔，对内不考虑自己的双亲，对外不思想对君王的义务，足迹一直达到许多侯国，车辙留在了千里之外，这都是从上头开始就喜好智巧的过错呀。

这一段更像是从《老子》讲『小国寡民』的第八十章生发出来的。只是一听说有贤人就落荒而去的说法客观上告

诉我们，到了庄子之时，贤人已经成为凤毛麟角，而老百姓都是生活挣扎在不肖的庸人、蠢人、恶人的统治之下了。

上不好智，从上就提倡无知，就行了？这样的自欺欺人的闭目塞听的主张有多么可悲！

由于对贤人的宣扬过度，又由于本地无贤人可以依靠，所以百姓千里迢迢、背井离乡去寻贤拜圣。这个描写有点政治流亡或文化流亡者古已有之的意思。贤人乌托邦、圣人乌托邦、大师乌托邦，古已有之。生活在别处，这个法国诗人兰波、捷克作家米兰·昆德拉最心仪的句子，古已有之。庄子认为，这样的蛊惑人心的句子，正是自命精英的骈拇枝指悬疣们制造出来的祸国殃民的毒雾。与之对应的佛语『活在当下』倒还对味一点。可今天呢？古老的神州百姓，特别是神州知识分子们啊，你们什么时候能够长大成人？

> 上诚好知而无道，则天下大乱矣！何以知其然邪？夫弓弩毕弋机变之知多，则鸟乱于上矣；钩饵罔罟罾笱之知多，则鱼乱于水矣；削格罗落罝罘之知多，则兽乱于泽矣；知诈渐毒、颉滑坚白、解垢同异之变多，则俗惑于辩矣。

上层（上边、上流社会）的这些大人先生，喜好智谋动心眼，却不懂得大道至道，不按大道的原则做事，只能造成天下大乱的结果。为什么这样说呢？你用弓箭、鸟网、机关器具的智巧多了，天上的鸟就吓得乱飞起来了；你精通鱼钩、钓饵、鱼网、竹篓这些捕鱼工具，水里的鱼就惊恐得乱游起来了；你用木条、夹子、网罟、绊索来捕捉畜类的智巧发展了，当然，野地湿地里的兽类就大乱了；智谋多走一米也就是欺诈，狡猾诡辩、坚白同异这一类讨论、争辩越多，人们就会越发糊涂困惑。

有所谓智慧的痛苦，是指智者与大量的愚者打交道的困难，乃至于狼狈不堪。例如哥白尼与伽利略这样的天才科

学家被愚而『忠诚』的天主教信众所摧毁。例如鲁迅的小说《药》里秋瑾式的革命家的壮烈与孤独、不被理解。庄子则提出智慧的罪恶的命题，表面上与痛苦说含义相反，但是同样接触到了智慧的悲剧元素。智慧对于既定的秩序是一种扰乱，就像地动说对于地球中心说是一种颠覆，秋瑾式的革命家对于大清帝国是一种破坏。智慧在一定的意义上是一种破坏的力量。庄子的例子通俗而且雄辩，他的事例的特点是人的智慧增长了人奴役外物的本事，而毁坏了动物界的安宁。

其实一切智慧都扰乱了既定的秩序与习惯，而且一切智慧的崭新果实，都需要付出一定的代价。汽车火车颠覆了骑马（牛、驴……）或乘坐马车的格局，汽车车祸也远比马车惨烈，火车的噪声等祸害比马车严重。飞机带来的挑战、危险、方便、迅捷与代价，超过了汽车火车。太空的事业更是向前跨了一步。所以，到了二十世纪快要结束的时候，对于科学『过分』发展的担忧、对于科学主义的批评的声浪渐渐成为时尚，以至在还有大量人民仍然沉浸在中世纪的愚昧迷信的中国，一些人也照葫芦画瓢地批判起科学来。

两条思路，一个是庄子太了不起了，早在两千余年前已经超前地警惕到智慧、科技可能给自然界给人类社会带来的祸患。一个是庄子的这一套害我们不轻，怎么能反智而求愚呢？搞得我们自古就不注意发展科学技术。

其实，前一种说法涉嫌阿Q，给老庄披上后现代的外衣就能雄踞于世界上啦？后一种说法，涉嫌假洋鬼子，庄子毕竟是两千多年前的思想者，他有天大的荒谬，后人也有足够的时间去纠正之、反其道而行之，你这一代的事情搞不好，能由两千余年前的某个文人负责吗？先秦时期，高论、怪论、妙论、谬论汗牛充栋，谁能对你此后的选择起决定作用呢？

何况，老庄从未成为过中国的执牛耳者的思想主流，没有哪个皇帝大臣直到民国时期的大总统委员长等接受老庄的思想，并将其确立为国家政策、朝廷行为。孰能无过？孰能负责？

> 故天下每每大乱，罪在于好知。故天下皆知求其所不知，而莫知求其所已知者；皆知非其所不善，而莫知非其所已善者，是以大乱。

至今天下大乱的局面屡屡出现，这就是好智的罪过。天下人都知道去追求他们所不知道的东西，而不知道从已经知道的道理知识中寻找做事的指导，以应对面临的挑战；都知道否定他们所不喜欢的东西，却不知道否定与超越他们已经接受、已经入了局、已经奉为圭臬的一切，所以才会出现天下大乱的局面。

这一段论述令人拍案称奇。说智是祸害，我们今天的人恐怕难于苟同。求其不知而不求其知，太棒了，太亲切了，一直管用到今天。人们不但常常相信生活在别处，而且会倾向于相信智慧在别处、知识在别处。比如『大跃进』，有人相信粮食产量可以上卫星，深挖地可以挖到两三米，绳索牵引拉犁可以将中国直接拉入共产主义，却不相信已经种地种了几千年的农民的常识。过去，许多国人相信苏联的今天是我们的明天，幸亏不是，后来相信别的国家或地区是我们的希望与榜样，就是不珍惜我们自己的已有的实践与经验……

但同时，庄子又提出了要勇于否定自身的伟大命题，你会怀疑你不习惯不熟悉的外来的东西，但是那些你习惯你熟悉的东西就永远那么靠得住吗？靠得住，为什么我们有时候会落后，有时候会走弯弯绕的路？人真是太需要学习长进了。某个时候，某些问题上，你好高骛远，胡作非为，自找失败；另一个时候，另一些问题上，你却抱残守缺，讳

疾忌医，打肿了脸充胖子，使自己一错再错，坐失良机，用毛泽东的话说是向着被开除（地）球籍的下场走去。庄子这两句话概括得精彩极了。我们的思想者们，我们对此能够提出点有创意有针对性的见解来吗？

故上悖日月之明，下烁山川之精，中堕四时之施，惴耎之虫，肖翘之物，莫不失其性。甚矣，夫好知之乱天下也！自三代以下者是已！舍夫种种之民而悦夫役役之佞，释夫恬淡无为而悦夫啍啍之意，啍啍已乱天下矣！

成为祸害的智，往上说是违背了日月的光明清白，往下说是残害干扰了山川大地的精妙格局，还影响了四季节气的运行，搞得小爬虫、小飞虫都失去了自己的生态与本性。太过分了，人们的好智把天下都搞乱了！自从夏商周三代以来，天下就是这个样子啦，不重视纯朴的百姓，只重视巧言令色的奸佞之人、花言巧语之人，不再恬淡无为、清静无事，而是一味地喜好喋喋不休、诲人不倦的那种意图与方式。如果到处是喋喋不休，到处是诲人不倦，到处是自以为是的兜售争强，天下能不大乱吗？

庄子的一些说法，用来谈人的活动对于环境的破坏，简直是准确极了，奇妙极了。很难说这只是巧合，庄子已经看出来了，人的活动对于自然而然地运行着的天地、大道、四时、众生，包括惴耎之虫、肖翘之物，都可能带来损伤直至灾难。也许当真可以把庄周当作绿色和平组织的思想渊薮来看。

庄子提的另一个问题是，三代以下，执掌权柄的人喜欢巧言令色、花言巧语的奸佞，而不喜欢『种种之民』，种种是纯朴的意思。啍啍，有两种解释，一是说啍啍是诲人貌，另一是说啍啍是喋喋不休的意思。其实我是把两种解释统一起来，好为人师，好为别人制定法度、标杆的人，没完没了地挑剔着、纠正着、讲说着、指画着，他们无事生非，

为旁人也为自己制造麻烦，叫做空谈误国，变国家为辩论俱乐部。庄周那么早就为这样的人，为契诃夫的普里锡叶夫中士与雨果的沙威，以及我们所熟悉的『左』爷、事儿妈们画了像，并指出了他们活跃的结果是『乱天下』三个字。

恬淡无为，想得多么好！仅仅靠恬淡无为来治天下的成功事例绝无仅有，因轻举妄动、急于求成、瞎想蛮干、一意孤行而屡干屡败的事例则比比皆是。所以说恬淡无为四个字是一服清火消炎的良药，尤其是对于急功近利者、想入非非者、刚愎自用者、目空一切者与斤斤计较者们来说。可行的路子应该是把有为与无为结合起来，把投入与恬淡结合起来，把热烈与虚静结合起来，把知其不可而为之与安时顺命结合起来。

恬淡无为还是我们的最后一道防线，有了恬淡无为，就有了尊严，有了主动，有了安身立命之处，有了避风港也有了新的起跑线，远离了是非，远离了投机取巧，冒险丢丑，远离了蝇营狗苟，也远离了自取其祸。不管你正在取得多么大的成功，进行着多么必须进行的搏斗，不管你的生活是多么充实，你的心态是多么自信与光明，请别忘了恬淡无为四个字。顺境中，恬淡无为是节奏也是补充，是休息也是对于不测风云的预防，是网球手的发球或接发球准备，可进可退，可攻可守，静如处子，动如脱兔。在不无凶险的逆境，恬淡无为是休眠，是自我保护而且不露形迹，也是从泰坦尼克号上逃离的救生艇。那么，你是真正不可战胜的了。

老王说：有意发表怪论的人自有其过人之处。智力、体制、组织与组织化、解释权、防范与包装的设施和技术，世界上许多东西本身其实是中立的，可以为天子所用，也可以为盗贼所用，而且，用好了你也就泯灭了天子与盗贼的界限。既然盗亦有道，那么道亦有盗，那么不但道可道非常道，道可盗或盗可道也非常盗了。庄子的恬淡无为中隐匿

着另类的危险念头，是不是呢？

在宥：治理的限度与虚位有国论

庄子与老子的不同处之一，是老子似乎致力于救世，致力于为王者师，把最高明的无为而治的哲学思想贡献给他们，以取代他们的相争相斗、心劳日拙、多言数穷、适得其反。而庄子则侧重于救每一个个人，主要是士人，向往逍遥齐物、避世独行、真人至人、其乐无穷。

但庄子在《人间世》《大宗师》与此章的前半部分中，对于治国理政的一些问题的论述相当精到与细腻。他不搞无政府主义，他承认权力中心存在与保有、包容的必要性，以防止失控与异化的危险。但是他反对权力的滥用与对于权力的崇拜。他提倡的其实是权力的虚位化，有权则可，弄权耽权则为万恶之宗。他也反对儒学对于权力的成套的规范与说教，因为他认为那些是空口白牙、自欺欺人、唯伪唯诈、伤天害道。对于权力逻辑与种种权力说辞，他看得够透的啦。

这样的精彩犀利之论令人击节，但本章没有能继续下去，倏地来一个向内转，他转而谈如何去做到幽深混昧、清静安详、无极玄虚、天真童蒙、独有至贵，几乎是往教门修炼上走了。

而最后又转到被疑为伪作的中庸式的善自把握，即不助不累、不谋不恃……之论上去了；多了点平实性与可操作性，但本章开始时那种独树一帜的灵气与高高在上的霸气不知跑到哪里去了。

一　一些一心求治的人，其实是在乱天下

闻在宥天下，不闻治天下也。在之也者，恐天下之淫其性也；宥之也者，恐天下之迁其德也。天下不淫其性，不迁其德，有治天下者哉？

我们接受并认可包容与保持天下本来的样子（或谓我们所说人君的存在与包容天下），而且天下也是自然而然地存在着，天下是无所不包无所不有的；但是我们不接受并认同（圣人所讲的）还要搞什么统治管理天下。所以说需要保持人君的存在，是怕天下万物有什么放纵过度、本性失常的情况发生；所以说需要包容万物，是怕天下万物的德性失去了本来面目，被外物外力所歪曲。如果没有放纵性情、歪曲德性的问题发生，好模好样的，你治理天下做甚？

一个在一个宥，是指什么要存在要宽容吗？中国的古汉语，常常有谓语明确而主语不确定的句子，这增加了理解的难度，但也增加了发挥演绎的可能。拿此段来说，这里无非有两种可能，一个是说，大道使天下得以自然而然地存在，不会发展过分，大道包容着万物，使其不迁（变异）其德。但还有一种不同的可能的讲解法，先贤说得少的：即『在』与『宥』是指统治者的存在与包容。人君的存在，就是如老子所说：『太上，下（不）知有之。』（第十七章）有个人君存在，免得你放纵过度，人君摆在那里也就行了，够用的了。北京土话说，『是猫就辟鼠』，不必啰嗦，不必到处找鼠清剿。这个话按老庄的逻辑很容易理解，类似见解屡屡出现。世界也罢，大道也罢，人君也罢，还要有个宽阔的包容性，免得万物的天性被人为地歪曲或彼此互不相容、互相妨碍，这个话也太容易理解了。按照中华文化的传统，人君做的一切的根据就是天意，就是大道，就是天道，人君统治的精神资源来自天人结合或合一的哲学。

唉，可惜的是，这恰恰说明：自然而然、无所不包的天下也包括着淫性与迁德的倾向。庄子把这些问题的出现归咎于圣人的自找麻烦，但是他老不想一想：远在没有圣人、法度、名教乃至远在具有人类之前，也有冰河时期之类的生物界的大灾大难，也有某个物种的过分发育与导致灭亡，恐龙太巨大了，也算是淫其性吧，就灭绝了。如果圣人的罪过是迁移掉了自然而然之德，那么圣人的出现本身又是谁改了本意迁了德呢？圣人乃至于人君的出现与影响本身，算不算是在宥天下的表现，抑或是在宥天下的自我否定呢？

君王、统治者、政权或者老板，存在与包容，但不治理，如果此解成立，用现代语言来说，那就是提倡虚君，提倡元首虚位化。当然，《庄子》里讲的不是虚君共和也不是总统虚位化的内阁制，而是虚位的道法自然，甚至是虚位的半无政府主义。虚位可以防止淫其性，此话有解。一些虚君国家在肯定本国的国体的时候就强调，虚君即无实权的君王的存在（如英国、北欧等君主制国家），解除了争夺大位的困扰与动乱。而包容或宽容，又可以存人性之真、免矫情与作秀之祸。当然这也只是一种说法，中国近代的康有为、梁启超由君主立宪转变成虚君共和立场时，遭到了革命党人的坚决反对。

现代西方的所谓虚君虚位的另一面是内阁制，是由首相组阁进行行政统制。而庄子幻想的是虚完了就自然而然地运行良好，这太乌托邦了。

庄子想得并不现实，原因是大道、玄德，包括着生长也包括着灭亡，包含着平衡也包含着恶斗，包括了和谐也包括了竞争，包括了无言也包括了话语大大膨胀的可能乃至必要，包含着悠游也包含着辛苦，包含着有道也包含着无道、

非道、反道等各种乖戾的不可避免。

正像人的天性虽包含了利他也包含了自私，包含了爱心也包含了怨恨，包含了勤劳也包含了懒惰，文化的出现意味着进步，也意味着形式主义与作伪。而对于无文化的幻想，向后看的忽悠，包含着智慧也包含着蒙昧，意味着事出有因也意味着查无实据。无为而治的理念意味着高明也意味着虚幻，意味着针对啰里啰嗦的苛政的良药，对于唯意志论、独断的矫正，同时却也意味着空谈、清谈、原始乌托邦幻想，当然，还有好一点的自慰自得和逍遥。

至于不要动不动主观主义地、唯意志论地去治理管制，不要迷信治理管制的效用，而要更多地考虑一下天性，考虑一下客观，客观规律，这话是金玉良言，值得一想再想。而且现代确有这样的理论：权力、法制与法治的要义在于运用强力和法律制止犯罪、违法、违规，在于制止、防止人们做不应该做、损害他人的事，权力无须过问人们应该做什么、需要做什么；正面的东西，应该听从与任凭百姓的需要与追求，权力、法律要保护的是合法的需要与追求的不被破坏、侵犯。此说倒是与这里的防止淫性与迁德，但是反对治理天下的说法相通。

> 昔尧之治天下也，使天下欣欣焉人乐其性，是不恬也；桀之治天下也，使天下瘁瘁焉人苦其性，是不愉也。夫不恬不愉，非德也。非德也而可长久者，天下无之。

当年唐尧统治天下，让天下人欢欢乐乐，喜悦于自身性情的流露，这样做虽好，却是并不消停的，是一种折腾的萌芽。到了夏桀统治天下的时候呢，他整人害人，让天下人叫苦连天，苦恼于自身性情的饱受压迫，这是很不舒心的，是一种郁闷。不能恬淡清静，或不能舒心畅快，都不是有德的结果。背离了这样的大德，而能长治久安，天底下没有这样

的事。

这里最惊人也是最独特、最杰出的论点是他把唐尧和夏桀绑在一块儿批，把让人民百姓欢呼雀跃与给人民制造压制痛苦的帝王绑到一块儿批。当然，庄子这里有说得过头的地方，人们很难接受。大致的常识认为：明君与昏君，贤君与暴君，应该是不一样的。唐尧与夏桀的下场差别也很大——唐尧将天下禅让给虞舜，而夏桀被商汤的革命所推翻，唐尧是名留青史，夏桀是亡国亡头。再说，例如一场大的历史事变，或者一场战争的胜利，能激发起极大的热情，开始时刻，人们箪食壶浆，以迎王师，到处莺歌燕舞，欢声雷动，这也是天若有情天亦老，人间正道是沧桑。不能简单地否定这样的历史过程，也不要以为这样就能长治久安。

但是，庄子的说法也有特别精辟的地方。盖过分地追求与打造政绩，追求颂扬，追求光明欢乐的气氛，以庄周的观点，并非可取。这与老子认为太上是下知有之或不知有之，下面的百姓知道有这么个头儿这么个王，足已，其次才是亲而誉之，思路是一样的。原因在于，老庄认为，君王、百姓应该各安其位，各行其道，就像我国的某些城市，交通宣传上提倡的是机动车、非机动车、行人各行其道一样，而交警也有自己的一定的位置。不要互相攻击、互相为难，也不必更不可能互相歌颂、互相吹捧。某方面与另一方面，热烈地互吹起来，容易有假有诈，容易期望值过高，一旦有所不美，极易反目成仇，如当年的中苏关系那样。吹捧过分还会造成君王的牛气冲天，不可一世，或者造成全族群的自吹自擂，过度膨胀。用我的语言来说，高潮化可能很感人，但未必持久，只有正常化、自然而然、各行其道，才是靠得住的。

天下人欣欣然乐其性，岂不甚好！为什么会从中得出『是不恬也』的结论呢？从心理卫生的角度却容易解释，按心理学专家的说法，过度地欢笑与过度地忧郁，对于人的心理健康来说都不利。还有，追求欢乐过度会出现伪欢乐、欢乐秀，会降低人们的自省、自律、自我调节能力。天天歌舞升平，全无忧患意识，当然不是好事。可能还有别的讲究，值得深思。

人大喜邪，毗于阳；大怒邪，毗于阴。阴阳并毗，四时不至，寒暑之和不成，其反伤人之形乎！使人喜怒失位，居处无常，思虑不自得，中道不成章。于是乎天下始乔诘卓鸷，而后有盗跖、曾、史之行。

一个人若是乐大发了会伤害他或她的阳气，怒大发了会伤害他或她的阴气。（疑应释为乐大发了使阳气亢进过盛过剩，怒大发了使阴气亢进过盛过剩。）阴阳二气亢亢虚虚，受了干扰，四时的变化失常，冷冷热热的交替与融汇也不能和顺自然，不是会反过来伤害人的形体吗？大喜与大怒使人情绪混乱，起居行止失常，思虑没有了头绪，失去了行动中、进程中有所自我调整的能力，找不到条理章法。这样，社会风气会变得矫情、伪饰、狡黠、乖戾，在这种不正常的天下无道的背景下，才会出现盗跖这样的凶恶之人，也才会出现曾参、史鳍那样的好名作秀的善人。

庄子之重视平衡、均匀、正常、自然，警惕过分、过度、极端、刻意，达到了绝对化的程度。不论是正面的还是负面的，积极的还是消极的，都不能过，最好是什么都没有。他认为任何失常、任何过度、任何迁移即变味变质，都是灾难，用到人身上伤身，用到时序上伤时伤季伤寒暖。一个国家一个地区出坏人、盗贼固然可悲，出圣人、道德家也绝非吉兆。那么从个人来说，无喜无悲最好，无功无过最佳，无得无失正好。这个说法有一定效用，又有些空虚，令人赞之叹之。

故举天下以赏其善者不足，举天下以罚其恶者不给。故天下之大不足以赏罚。自三代以下者，匈匈焉终以赏罚为事，彼何暇安其性命之情哉！

现时人们赏呀罚呀的，都搞得很夸张。善起来举天下之力褒奖好像还不足以表彰其善，恶起来举天下之力惩罚好像还不足以遏止其恶。整个天下拿来作赏罚的本钱，赏罚的用途仍然嫌不够。夏商周以来，整天大轰大嗡地闹腾褒奖这个惩罚那个，百姓们上哪儿能过上符合自己天性的踏实日子呀！

好人坏人、正义邪恶、得道失道、进步反动、革命反革命、民主独裁、正确谬误、友方敌方……二元对立与你死我活的划分局面久矣，似乎还没有人比庄周更早对此提出质疑。尤其是争夺天下的政治斗争，一胜一负，一正一反，一王一贼，可真够老百姓头疼的。我想起了『文革』中一位新疆工人的话：『你说你代表毛主席革命路线，他说他代表毛主席革命路线，谁能告诉我到底谁是真正的毛主席革命路线，我给你磕个响头！』

两千余年后，新疆的一位工人的哀叹中，保留着『匈匈（汹汹）焉终以赏罚为事，彼何暇安其性命之情哉』的回响。庄子余音绕梁，两千年而不绝！

『天下之大不足以赏罚』，这话也很深刻，这也是一种异化。诸侯君王的赏与罚，目的是平天下，实为夺天下得天下。为了得天下，而恨不得把天下给出去来奖励一个功臣或一种概念或一种学说。为了得到天下不惜把天下放弃，为了彰显某种治理天下的学说教义，不惜把天下搞他个天翻地覆，或者为了惩罚某个坏的集团或个人，不惜牺牲天下人的正常生活。这些都是不可思议，也是确有其事其倾向。

而且说明邪？是淫于色也；说聪邪？是淫于声也；说仁邪？是乱于德也；说义邪？是悖于理也；说礼邪？是相于技也；说乐邪？是相于淫也；说圣邪？是相于艺也；说知邪？是相于疵也。天下将安其性命之情，之八者，存可也，亡可也；天下将不安其性命之情，之八者，乃始脔卷獊囊而乱天下也。而天下乃始尊之惜之。甚矣，天下之惑也！岂直过也而去之邪！乃齐戒以言之，跪坐以进之，鼓歌以儛之。吾若是何哉？

而且喜欢什么目明，那其实是沉醉迷惑于颜色罢了；喜欢什么耳聪，那是沉迷于声音罢了；喜欢人为提倡的所谓仁，这样的说教起因于、同时也加剧了大德的混乱；喜欢义，那是违背道理的同义语；喜欢礼，那不过是助长一套走过场的形式操作与技巧；喜爱音乐，那是助长纵欲沉沦；喜欢圣贤，那是提倡表演作秀；喜欢智谋呢，那是促进了邪门歪道。如果天下人安心地合情合理地生活，这明、聪、仁、义、礼、乐、圣、智八者，有没有两可，无所谓；而如果是天下人不能按照自然的性情过日子了，这八者就闹哄折腾，把天下更是搅乱啦。等到天下大乱，人们也就从此学会了珍惜尊敬这八样说词了。太过分啦，天下人好糊涂呀，这八个词儿说说也就过去了，不就结了？不，他们还要沐浴斋戒，隆重庄严地去讲说它们，跪坐端正地去传授它们，还要唱歌跳舞来颂扬它们。对于这样的愚蠢，我能怎么办呢？

记得三十年前一些青年杂志上谈论过『看透论』的话题，指的是经过『文革』，各种理念与威权的公信力下降，有所谓『看透论』，即看透了一切好听的话语、原则、许诺，认为这些都不可信。庄子可能是最早看透的智者之一。尤其妙的是，他认为有些个大话、空话、漂亮话，如明、聪、仁、义、礼、乐、圣、智之属，说说也还行，说完了也就完了，别死乞白赖，别太当真，更不要就此匍匐于地，一愚到底。他的说法涉嫌奸诈，因为他是『过于聪明的中国

文人』，他不但不愿意上君王大臣的庄严昭示与永远英明的当，也不愿上圣人贤人独立知识分子的雄辩滔滔、天花乱坠而又一相情愿的当。在那个封建社会的初级阶段，诸子百家谁不是舌生莲花，善言美言大言妙言说尽？谁又真的能够给天下黎民带来些许的福祉？庄子的冷静自持也许后世鲜有其匹，也许真的做到了不上当、不膜拜、不跟着鼓点跳舞……涉嫌冰冷与自私，也许这样的人生太寂寥、太空洞、太自命清高，还不如认准了，冲上去，甘洒热血写春秋（语出样板戏《智取威虎山》），错了就错了，殉了就殉了，血总算热过一回，头颅总算抛过一回，梦总算做过一回。俚语说做梦娶媳妇，想得美，是嘲笑不切实际的生活在他人忽悠当中的傻子。但是让我们想一想，如果一个人清醒冷峻到一碰到异性就想到与之结合可能有的种种烦恼、庸俗、争执、纠纷与终将离异，如果一个人连娶媳妇的梦都一概拒之于千里之外，呜呼哀哉，您何苦到人间世辛辛苦苦走这一趟呢？

明、聪、仁、义、礼、乐、圣、智，本来都是好词，但是到了庄子这里，看到的是它们发展为淫（过度）、乱（打乱原来的自然本性）、悖（冲突）与相（吻合、滑向、助长）的不良倾向的危险。在某种意义上，老庄都反对创造、提倡、使用许多好词儿，认为这些词儿会走向反面。这倒也有一点针对性。正因为许多词儿——概念比具体的事物更加富有概括性，人们会产生概念崇拜、名词崇拜，会产生人服从概念、概念控制了人，或人按概念而作秀的情形。例如，孝是一个好词，但是二十四孝不无过度失当的故事。贞节本来也被认为是好的概念，但是封建的中国以此二字迫害妇女达到了骇人听闻的程度。『一大二公』也是好词，但是五十年代后期的一大二公的人民公社，却严重损害了生产力。这样的例子不胜枚举，以好字好词好概念始，以过度失当挫折终。

如今的西方世界似乎也有沉迷于某个字眼的情景。例如性，这本来是一个自然本能，在东方与西方中世纪，对之进行压抑，很不好。如今的性啊尤其是性感啊之类的词大行其道，是不是有人为地放大、过度、扰乱天然的与合理的分量与秩序的可能，请读者深思。再如民主、自由、价值、神圣、精英、革命、主义以及拯救、使命等词也都很好，有没有原教旨主义、基本教义派、价值霸权与价值纷争乘机煽情惑众，也是可以考虑的。

庄子描写的煞有介事地膜拜概念的情景，幽默而且苦涩。唉！

> 故君子不得已而临莅天下，莫若无为。无为也而后安其性命之情。故贵以身于为天下，则可以托天下；爱以身于为天下，则可以寄天下。故君子苟能无解其五藏，无擢其聪明，尸居而龙见，渊默而雷声，神动而天随，从容无为而万物炊累焉。吾又何暇治天下哉！

所以真正的君子——有修养的得道的人，不得已（不是自己追求的，更不是自己伸手生生要来抢来的）而君临天下，最好的选择就是无为少为。只有无为少为，才可以使天下人安心地合情合理地生活。如果他能珍重自己的生命像珍重天下，珍惜天下如珍惜自身，人们就可以委托他来管理天下了。如果他能爱自身如爱天下，爱天下如爱护自身，人们就可以把天下交给他治理了。所以说，君子能够不释放自身的内需，能够不炫耀自己的聪明能干，平静低调地过活而光芒自见，君子能深藏不露、不显山不露水而影响深远乃至惊天动地，精神走到哪里，想到哪里，天地万物也同样同步地发展到哪里（反过来就是说万物万象发展到哪里，就会想到哪里），不慌不忙而万物蒸蒸日上，不急不火而什么事都不耽误。谁还有工夫思量什么治理不治理天下的事儿啊！

恬淡无为的道理，在老庄著作中是反复讲述的，而在其他人尤其是欧美学人当中，很少这样的立论。同样，强调深藏，强调守黑，强调渊深，强调不解、不擢即不显不露，这也很独特。国人自古强调谦虚，除了人际关系的考虑，即满招损、谦受益以外，似乎也有战略、策略的考虑。要知己知彼，而不让对手知道自己，要发挥出无形的威力，要造成无声的话语、无色的美艳与无字的纪念碑。要以静制动，以无胜有，以虚破实，以退为进。尸居，一无作为，却显现出龙一样的神奇雄伟与变化莫测。要像深渊一样地沉默，却又像雷霆一样地威严与惊天动地。看起来仅仅动了动意念，天下万物就跟着你走了，这里有极高明的神力，这里有对于道的赞美，这里有对于世俗的拼命显摆的蔑视，对于忙忙碌碌的嘲笑。这里有东方神秘主义，有把事功审美化以修辞学取代务实的措施与技能的理念，有源远流长的准特异功能情结。反正，它不怎么注意透明度、公开化、民主化与大众化。老庄一方面反对人事的智谋化，一方面又不遗余力地提倡深藏，这里有他们的悖论。

二　治天下者多么愚蠢，多么狼狈，多么害人

崔瞿问于老聃曰：『不治天下，安臧人心？』

老聃曰：『汝慎无撄人心。人心排下而进上，上下囚杀，淖约柔乎刚强，廉刿雕琢，其热焦火，其寒凝冰。其疾俯仰之间而再抚四海之外。其居也渊而静，其动也县而天。偾骄而不可系者，其唯人心乎！』

崔瞿问老子：『对天下不予治理，怎么样才能引导人心——人心应该走到哪里去，才能向好的方面发展呢？』

老子说：『你要谨慎一些，千万可别扰乱人心啊。人心这个东西，往下走一走就很沮丧，往上抬一抬就会张扬，

心往高处扬，心见低处慌，一上一下之间，这个心的难受就与被囚禁被绞杀一样痛苦。人心可能是温柔而且美丽多姿的，这样的温柔说不定来自刚强或变为刚强。本来人心是有自己的棱角的，它却受到各种雕琢磨难。人心热起来火烧焦燎，冷起来能滴水成冰。它变化迅速，俯仰之间到达四海八荒。人心停顿下来，深藏广博而且沉静。一旦动了心（或心被搅动了），瞬间高悬到了高天，直冲霄汉。动荡骄纵，难以约束控制的就是人心啊。』

这里说的是人的精神世界的困难与痛苦，并且稍带讲到了精神世界的美丽与强大。小心点，不要轻率地去碰撞人心，搅动人心，更不要伤害人心。人心不易安宁，人心不易清静。人心可刚可柔，可热可冷，可高可低，可静可动。人心实在伟大，人心实在能折腾，人心实在难整。

庄子总结说，人心常在一上一下中煎熬，人的心灵，人的精神能力是人的骄傲，也是人生诸苦的一个重要来源。因为人心不但能反映现实，而且能预感预想未来，念及过往，感受顺逆，有所爱憎亲疏，还能分析综合，忧虑过去现在未来，并兼忧终极，古诗上的话，叫做『人生不满百，常怀千岁忧』。人心似乎能够放大、加剧乃至制造人的焦虑与煎熬，这是庄子的一大发明。

『昔者黄帝始以仁义撄人之心，尧、舜于是乎股无胈，胫无毛，以养天下之形，愁其五藏以为仁义，矜其血气以规法度。然犹有不胜也，尧于是放讙兜于崇山，投三苗于三峗，流共工于幽都，此不胜天下也。』

『从前黄帝治天下的毛病就是用仁义的说教扰乱人心，尧啊舜啊辛苦个不住，累得大腿不长肉小腿不长毛，只是着力于养护天下的外观，心劳日拙，累得肝疼肺衰地去推广仁义，绞尽脑汁、费尽力气地去制定法度规范，还是达不

到他们所希望的愿景。尧于是把讙兜驱赶到崇山，把三苗充军到三峗，把共工流放到幽都，这正是他治不好天下、承担不起治天下的重任的表现啊。」

极力形容以德治国的辛苦与乏效，这儿不长肉那儿不长毛的说法当时应该是非常通俗的，文风像是今天的手机段子，是胆怯而又呆板的后人把《庄子》解释成了天书。『愁其五藏（脏）』『矜其血气』的说法也很生动，像日常人们说的心跳气短肝儿颤肾虚。尧如何驱逐对手的说法不知是否于史有据，但描绘出了一个权欲狂人的马不停蹄的斗斗斗，令人长叹。胜与不胜的说法，应是指干得了与干不了，有信心与无信心，紧张状态与正常状态，平常心与焦躁心的划分。得了天下了，有了点权力啦，惶惶然不可终日，整天是鸡飞狗跳，应不可取。高枕无忧，麻痹大意，脑袋丢了不知怎么丢的，当然亦非好事。老庄更多地是批评前者，有他们的角度特色。

『夫施及三王而天下大骇矣。下有桀、跖，上有曾、史，而儒墨毕起。于是乎喜怒相疑，愚知相欺，善否相非，诞信相讥，而天下衰矣；大德不同，而性命烂漫矣；天下好知，而百姓求竭矣。于是乎釿锯制焉，绳墨杀焉，椎凿决焉。天下脊脊大乱，罪在撄人心。』

『到了夏商周三代，天下一惊一乍，惶惶不可终日。往低下里说有夏桀、盗跖等坏人，往高往上面看有曾参、史鰌，还有儒家、墨家双双兴起。于是乎天下人你高兴我不高兴，你犯傻我忒精，互起疑心，你善良我别扭，你诚信我忽悠地互相讥讽攻击，互相批判，天下呈现出走下坡路的光景；由于对待价值与道德根本的观点、理念相左，性情、生命的自然情理发生了混乱与纷歧；天下喜好智谋，百姓也就纠纷不断了。于是乎用重刑砍锯人体，用规条衡量处罚、揪出罪犯，用椎子、凿子要人的命，或者又钻又砸地用重刑追究罪行。天下这样纷纷乱乱起来，毛病就出在搞乱了人心上。」

中国文化对于行政、对于公共事务的管理，首重管好人心，而老庄的观点是人心本来就好，问题在于管制者是否扰乱了人心。要管人心，同时认为你管糟了管过分了就会反而把人心搅乱。这前后两个观点都很有趣，很『中华』，也还有点互相矛盾互相制约。

古往今来，有各种各样的统领人物，埋怨自己所负责管理的地盘、行业、时间段，百姓不好管，民风或刁悍，或狡黠，或浮躁、乖戾、奢靡等等。尤其是我国官员，还常常倾向于认为今不如昔，越是想当初，越是相信早先百姓质朴憨厚听喝好管。庄子则在此认定，如果某时某地发生了百姓心思被搞乱的情况，责任不在百姓而在上层之求治太过。上边求治心切，就要说许多好听但未必现实的话，说多了这样的话，百姓也都学会了忽悠，吹泡吐沫。还有，如果上头用超高的标准求全责备百姓，百姓很快就会学会用超高标准求全责备高官。为了求治，上边还要运用绳墨到处划线，告诉百姓可以这样走，不可以那样走。线划得复杂了，引起反感，引起纠纷，引起不同的解释，制造走擦边线的狡猾，乃至造成从小纠纷开始，发展成互相举报揭发，因人划线，以踩线的罪名报私仇等等。求治心切，反过来则觉得乱象严重，深恶痛绝之余，定要用重典酷刑，于是出现冤案，出现争执，出现公报私仇。

总之，社会风气也罢，民风也好，哪个不与头领有关？上边喜欢豪言壮语，百姓则能吹牛冒泡，而且一定逐渐学会说话作文先扣大帽子。上边喜欢悲情煽惑，百姓则善哭闹拼命。上边喜欢阿谀奉承，百姓则会虚与委蛇。上边喜欢教条主义，下边就会懒汉习惯，嘛事都是照抄照转。如果自上而下是一级压一级，自下而上就会是一级骗一级。上有

政策，下有对策。上喜细腰，宫女饿死。上喜放火，下喜点灯，甚至上喜挂灯笼，好事者到处放火的事情也是可能发生的。

庄子来绝的，来彻底的，他干脆认为，一切关于修身齐家治国平天下的见解、标准、法度、礼仪、管制、刑罚，都是乱世先乱心之道。所有的提倡与崇信，其实都暗示着挑战的可能、颠覆的可能、作伪的可能、争执的可能，既有放大的可能，也有打折扣走过场应付差事的可能，因此都是在自乱阵脚，都是聪明反被聪明误，价值反被价值误，治理反被治理误。当初想忽悠百姓的，最后变成了百姓忽悠上层，乃至成了百姓忽悠、捣蛋、造反的精神武器。

而那些惩罚、刑律、规矩、礼仪呢，更是搞虚的，搞吓唬人的，至少是搞表面的文章，这些东西越多，离真正的大治就越远。

孔子喜欢例如周公时期，庄子也喜欢往日吗也不懂的时候。我从上小学就学会了『世风日下，人心不古』的说法，至今此风此调仍然重弹不已，延续了几千年。至今仍然有所谓改革开放『搞乱了思想』的说法。看来，历史的进程，社会的发展，带来了人际关系与行政方略的某种程度的复杂化，与北京猿人、河姆渡文化、半坡村遗址的社会文化相比，现在的华北、华东、西北地区的社会结构、行政运作、人文思潮……已经不知复杂到了凡几了，这与庄子面对东周的天下大乱情况便一心向往古代的情况又一样又不一样。不管农牧民这样的思古之幽情是多么地有理，历史不能回到昨天，复杂也不能依靠诅咒来消除。

人们应该正视现实也正视历史，历史不能用美色涂抹。人还应该正视复杂化的不可避免。历史并不是直线往好了更好处变，也不可能是直线往坏了还要更坏处变。人应该活在当下，当下复杂也罢，不复杂也罢，都是你的事。

『故贤者伏处大山嵁岩之下，而万乘之君忧栗乎庙堂之上。今世殊死者相枕也，桁杨者相推也，刑戮者相望也，而儒墨乃始离跂攘臂乎桎梏之间。意，甚矣哉！其无愧而不知耻也甚矣！吾未知圣知之不为桁杨椄槢也，仁义之不为桎梏凿枘也，焉知曾、史之不为桀、跖嚆矢也！故曰：绝圣弃知，而天下大治。』

老子继续说：『这样闹的结果，是真正的贤人瑟缩到了深山高岩之中，而权势显赫的君王，忧心战栗，惶惶然处在朝廷之上。如今的世道是被斩杀砍头者你枕着我我枕着你，戴枷扛锁的你推着我我推着你，受到刑讯鞭打的你瞧着我我瞧着你，而儒家呀墨家呀就在这些桎梏囚笼之间你来我去，指手画脚。他们难道面对这样的世道而讲那些高高在上的空道理却不惭愧吗？不免太无耻了吧？我不敢肯定圣智是不是枷锁的横木，仁义是不是枷锁的孔柄，又哪里知道曾参、史䲡之流的道学家是不是夏桀、盗跖之类恶人的先导呢？所以说，只有灭绝圣人，丢弃智谋，天下才能大治呀。』

与内篇里庄子的灵动潇洒相比，外篇里的『庄子』执着了些，也啰嗦了些，往往就一个话题，掰开了揉碎了说个没完，说得太透了就露出破绽。内篇中圣人还是个好话，到了外篇圣人就成了贬义词，大致的意思是说：圣人是一些无事生非、空谈误事、于事无补、大言欺世的人，这样的人倒也是万古不绝。这样的圣人，不错，国之贼也。

那么贤人呢？贤而不圣为什么就好起来了？其实到了杂篇《徐无鬼》中，庄子也把贤人云云骂了一顿，此是后话。

这里呢，贤人是躲藏起来的，深山老林，洞穴悬崖，才是他们去的地方。躲着往后捎的人是好人，出头露面整天曝光的人则比较讨厌，至少是涉嫌对名利斤斤求之，涉嫌爱表现、沉不住气，涉嫌，且不仅仅是涉嫌自蹈凶险、自取灭亡。

那么，躲藏起来又何以知其贤呢？没说。整个来说，中华文化喜欢谦虚、深藏、躲避、归隐、内敛，不喜欢外在的积极进取。这当然有片面性，它说不定是中国封建社会长期停滞不前的原因之一。

对于那个时代各诸侯国酷法暴政的描写到位、刺激，令人触目惊心。将处于那种恶劣情况下却一味提倡仁义道德的人说成是暴君强盗的带头人，听起来有些生硬，实际上至少有部分道理，其实鲁迅的某些文字也是讲这个的，他老对提倡宽恕的人如此反感，就有点认定曾参、史䲡是国贼们的责任人的味道。是的，你可以，以至你有权利骂那些离开了现实、离开了百姓的实际处境与利益，而大讲仁义道德的温馨理念的人是骗子；这里的问题是：如果干脆万众一心地决定来他个绝圣弃智的出奇制胜，国家能够从此大治吗？还是更加大乱了呢？

顺便说一下，这一章中首先是否定了『治天下』一说的，这里却又讲起『天下大治』来了。其实老子也讲『无为而治』，无为而治，不仍然是治吗？否定一切的结果是否定了自己，此是绝对化论述产生悖论的一例。

批评一种说法一种价值是无效直至适得其反的，这很好批，乃至是英明的。认为否定了涉嫌虚空伪饰的好话就天下大治，多半会失望。批评一个英雄其实颇平凡，太容易了，批评一个大师自己说的并没有百分之百地做到，这也太平常了。但从而认为一切英雄与大师都是骗子，这个群体能够更健康更文明一些吗？还是更糟糕一些呢？

一句句好话虽然不能完全落实，毕竟还有人讲，有人谈，有人听了写学习心得，你对此痛斥猛损吗？搞到连讲也不讲的程度呢，不像是更好，而像是更坏。人们有时候常常不是在一好一坏中挑选，而是在一个坏和一个更坏，一个无效另一个更有害的情况下选择。就像美国人说他们的选总统一样，只能两害相权取其轻。请想想看，一种情况是大

家说许多好话，但是不能兑现，出现了虚伪，出现了言行不一，然而好话对一些善良天真的人，尤其是对青少年多少有点教育感染的力量。另一种情况是，大家素质不高，干脆一起抨击高素质的说法是幻想是欺骗是虚假，以小人之心度君子之腹的结论是，世上只有小人，我们只允许小人存在，有个把君子也要坚决把他们灭掉。就是说，如果一个群体，不但做不到仁义道德，连说说仁义道德的人也没有了，这会是更好吗？会是极好吗？

昏君暴政也是一样，昏君暴政是不可取的，干脆消灭执政者，实现无政府状态，却绝对不是好事。

三　堂堂黄帝，最后还是要向广成子学道

黄帝立为天子十九年，令行天下。闻广成子在于空同之山，故往见之，曰：『我闻吾子达于至道，敢问至道之精。吾欲取天地之精，以佐五谷，以养民人。吾又欲官阴阳，以遂群生，为之奈何？』

广成子曰：『而所欲问者，物之质也；而所欲官者，物之残也。自而治天下，云气不待族而雨，草木不待黄而落，日月之光益以荒矣。而佞人之心翦翦者，又奚足以语至道？』

黄帝确立帝位已经十九年了，号令天下，正是好时候。他听说空同山上有个高人真人广成子（王按，这个称呼更像后世有了道教以后才出现的），便前往晋见，说：『听说您老已经得到了至高无上之道，特来请教关于至道的精义。我想做的是取至道的精义来推动五谷的生长，帮助民人的温饱。我还有调理安排阴阳以顺应众生的意愿。您看如何？』

广成子说：『你要请教的至道精义，那正是万物的本质。而你调理安排的责任感与自信，其实不过是万物残缺不全的枝枝节节。自从你安排这个、治理那个，什么都要管以来，云彩还没有聚拢就下起雨来了，草木还没有黄就凋落

在地上了，连日月的光辉都开始减色，到处是逢迎苟且的小人，他们的见识寡陋可怜，还说什么至道？』（一般学者解释佞人是直指黄帝，我想，既然原文没有明指，转述时也就可以不明指了吧。）

外篇真敢干，一直骂到今日被奉为中华民族始祖的黄帝这里。可惜广成子云云，此称呼压不住黄帝轩辕氏。不知道是不是中国古代文化中有喜务虚、骂务实的传统，所谓只管粮棉油、不管敌我友，这样的批评逻辑，似乎古已有之。问题是即使以阶级斗争为纲，粮棉油好好抓一抓，也是极其必要的。不论怎样革命，饭总是要吃的嘛。黄帝想抓农业、抓粮食，解决民生温饱，调理阴阳则多少有抓卫生保健之意，都是执政者的要务，却遭到广成子的嘲笑轻视。忽悠得太大发了，有点离奇。

黄帝退，捐天下，筑特室，席白茅，闲居三月，复往邀之。广成子南首而卧，黄帝顺下风膝行而进，再拜稽首而问曰：『闻吾子达于至道，敢问，治身奈何而可以长久？』

黄帝退下去，不再以管理天下为念，给自己修建一间独室，以白茅草为席，清心寡欲地过了三个月，再次去拜望广成子。黄帝逆风跪行，再拜行礼，然后请教道：『听说您得到了至道，我可不可以问一下，怎么样能够使我身存活长久？』

是『退』不是『辞』，莫非黄帝是倒着走掉的？像现在日本的大臣们对待天皇之礼？后来再来是逆风跪着走过来？怎么这样别扭？老庄不是很烦儒家那一套礼法吗？堂堂广成子，得道达到最深最精最全（倒是不像林彪的词：最新最活）的地步，何必计较黄帝的这套致敬礼仪，广成君太俗了吧？

请教了半天，诚意如此之大，连天下都不管了，原来就是来求一个长生之术。国人长久以来的两大情结，一是当皇帝，一是长生不老。这倒是很实惠，但未免太一般也太缺乏想象力，尤其是这太不实际了。那时候全国几千万人，当成皇帝的几率低于彩票中特等奖，而长生不老，根本没有可能做到。这未免是古老小儿科。再有，这三者之间有矛盾，确立帝位近二十年了，然后嘛事不管修炼三个月，能不亡国吗？

人当然要保护并尽力延长生命，但是活着的目的就是活着吗？还是活着要干点自己认为有价值的事情？因事而害命损生，庄子是不赞成的，所以他前面多次说到，伯夷、叔齐为名节而死与强盗罪犯为犯罪而死，都是一样地不可取。把活仅仅定义为动物式的，乃至是植物式的槁木死灰式的存活，而根本全不在乎生活的质量，也令人无法接受。以黄帝为例，嘛也不管就能长寿？嘛也不干，连饭辙都没了，维持生存都有问题，还长什么寿？生活质量，这样的概念的引入，对于我们来说，太重要了。

广成子蹶然而起，曰：『善哉问乎！来，吾语女至道。至道之精，窈窈冥冥；至道之极，昏昏默默。无视无听，抱神以静，形将自正。必静必清，无劳女形，无摇女精，乃可以长生。目无所见，耳无所闻，心无所知，女神将守形，形乃长生。慎女内，闭女外，多知为败。我为女遂于大明之上矣，至彼至阳之原也；为女入于窈冥之门矣，至彼至阴之原也。天地有官，阴阳有藏。慎守女身，物将自壮。我守其一，以处其和。故我修身千二百岁矣，吾形未常衰。』

果然下面忽悠的是奇术长生。广成子一家伙挺身坐起来，说：『你问得好啊（广成子怎么这样虚荣？黄帝的礼数一周到，他有点受宠若惊！要不就是问到长生，算广的本行，适销对路，劲头猛增。而问什么官管理治，他干脆没有

谈兴），过来吧，听我给你讲讲至道（即道之极致）。至道的精义，幽深远大；至道的高耸，静默无声。什么也别看，什么也不听，保持元神的虚静，形体也就自然而然地符合道正理正。虚静了也就澈清，用不着劳累自己的身形，也不必干扰你的神经，这就能做到长寿长生。有眼睛但是什么也没见，有耳朵但是什么也不听，有心与感觉，但是嘛，不知道思谋，也不知道运营。这样，你的心神守护着你的身体，你的身体可以长寿长生。对于你的内心活动，你要慎而又慎，不可胡思胡想，乱乱哄哄；对于你的外部感官，要封闭管理，越是想得多、智力用得多、知识信息多，越是失败的表征。这样，我就把你带到大光明大畅通，也就是阳的最高情境。同样也把你带到幽深遥远之乡，那就是阴的最深情境。天地是有自己的功能，阴阳是有自己的内涵的，你只要小心翼翼地保护好你的身子，各方面自然都是充满活力，虎虎有生气。只要自己能经常如一，稳定如一，也就处于黄金点上，永远和谐平衡。看，我已经一千二百岁了，形体上丝毫也不见老，仍如年轻。』（这一段文字原文大致是韵文，故我这里也用白话韵文讲解，就文读文，一咏三叹，十分有趣。）

与内篇《人间世》一章相似，一上来，《在宥》中列举了其时的苛政与乖戾，批判了圣人的高调、大言、空谈，即古已有之的假大空，描述了其时民人的被折腾被暴虐的惨状，很有几分社会批判含量与不合作的色彩。然后，猛地来了个非华丽也不理论的无奈转身，转而往玄虚养生上走，甚至是往神话（如果不是说迷信的话）上走。庄周太无奈了，无奈的表演中也有控诉的意思流露——想想看，世道恶劣到什么程度，智者如庄子才会追求视而不见，听而不闻，有头脑无思想，有身形无任何要求，好也好孬也好，能活就好的状态。这样的说法既孬种又痛心已极。庄子在逃避，是用想象与言语来自我救赎，是并非全无的狡猾，是没有出息的阿Q主义，却也是乱世的聪明自救，是出淤泥而不染的莲花。

黄帝再拜稽首曰：『广成子之谓天矣！』广成子曰：『来！余语女：彼其物无穷，而人皆以为有终；彼其物无测，而人皆以为有极。得吾道者，上为皇而下为王；失吾道者，上见光而下为土。今夫百昌皆生于土而反于土。故余将去女，入无穷之门，以游无极之野。吾与日月参光，吾与天地为常。当我，缗乎！远我，昏乎！人其尽死，而我独存乎！』

黄帝再次行礼如仪，说：『您老真是像天一样地伟大呀。』（不无肉麻。为何这样说呢？如果广成子是人，这就是当面吹捧的庸俗，如果广成子是真人或仙人，这就是毫无意义的废话。）广成子说：『过来，我再给你说，世界是没有穷尽的，而俗人们却以为什么都有个头尾；世界是无法把握清楚的，而俗人们却以为总会是有个边缘端由、起始归结。获得我的至道的，高一点的能成为理想的皇帝，低一点的则成为君王。丧失了我的至道的，闹得好一点的还有点光亮，闹得差的则是一片黄土（或往上能够看到光明，往下只能看到黄土）。现在的有形的万物都是出自黄土，归于黄土。所以我将离开你（或我将推动你），进入无穷之门，遨游于无极之野（应指得道后的欣然、阔大与贯通），我（或我们，下同）将与日月同光，与天地同在。迎面而来的，对于我来说，什么也不是；离我而去的，对于我来说，也是若存若亡。（与大道相比，一切迎面而来与离去的万物万象，都是无所谓的啦。）所有的来来往往的人与物都会死去，都会消失，而我们与我们所依托的大道——至道，是永生的啊。』

关于物的无穷无测的讲法是天才的，这是世界上最早的明确的关于无穷大的论述之一，比老子中所讲又明确了一

步。学道，关键在于进入无穷，进入永恒，体悟无穷，体悟永恒，与无穷结合为一体，分享无穷，共享无穷。能进入永恒之门，就能够游历无穷之野，就达到了道的极致，阳的极致与阴的极致，光明的极致与黝暗的极致，有的极致与无的极致。进入了无穷与永恒，也就是掌握了大道。想想看，你心中有了无穷与永恒，你还有什么需要刻意、需要忧心、需要负担的吗？在你的得道者的心胸之中，在你的充满至道至阳至阴的内宇宙面前，来的是泡沫，去的是阴影，对于无穷与永恒来说，一切的存在与消失，又算得了什么呢？

培养一种『无穷感』，这不是忽悠，而是扩充心胸的必须。为什么古今哲人都喜欢仰望星空，远眺沧海，思索终极，感念千古？为什么初唐诗人陈子昂的诗至今魅力不减？前不见古人，后不见来者，念天地之悠悠，独怆然而涕下！

四　去智去虑，解心释神，同乎混沌，你得道了

云将东游，过扶摇之枝而适遭鸿蒙。鸿蒙方将拊脾雀跃而游。云将见之，倘然止，贽然立，曰：『叟何人邪？叟何为此？』鸿蒙拊脾雀跃不辍，对云将曰：『游！』云将曰：『朕愿有问也。』鸿蒙仰而视云将曰：『吁！』云将曰：『天气不和，地气郁结，六气不调，四时不节。今我愿合六气之精，以育群生，为之奈何？』鸿蒙拊脾雀跃掉头曰：『吾弗知！吾弗知！』云将不得问。

云人格化而称作云将——云的主将，经过神木扶摇的巨枝，遭遇到了鸿蒙——混沌的天空，类似星云的东西，鸿蒙正在那里拍着腿跳跃。云将看到了鸿蒙，马上站下，端端站立，问道：『老人家，您是哪位呀？您这是在干什么？』

鸿蒙照旧跳跃不止，对云将说：『来玩嘛！』云将说：『我有事请教啊。』鸿蒙抬起头来了，看着云将。云将说：『现在天气不和顺，地气不通畅，六气不协调，四时不正常。我愿意调和六气（或指风寒暑湿燥火）之精华，来帮助众生，你看怎么样好呢？』鸿蒙拍着大腿，转过头去说：『我哪里知道？我哪里知道？』这样云将就没有办法再问了。

这是一种想象力，也是一种文体，这还是一种讲故事的方法，即把一切抽象名词、自然界或精神界的名词人格化。内篇中讲儵、忽、浑沌是这样的，现在讲云、鸿蒙（《红楼梦》中唱道：『开辟鸿蒙，谁为情种……』）也是这样。按现在的说法，开天辟地之时的混沌的鸿蒙，应该是星云一类，而现在说的云、云霞、云层、云彩、云雾、地平线、大地等则是天地已分，盘古或上帝的最初的创世任务已经完成了第一章以后出现的气象、地貌或天象。创世第一章后的云，看到了创世序曲中的老人鸿蒙，鸿蒙却是一副老顽童的形象，而云将是类似本章中讲的黄帝一流人物，有点啰嗦，有点没事找事。鸿蒙拍着腿跳跃，这个说法实在可爱。

这个拍着腿跳跃的描绘，令人想起于光远先生的发明：『人之初，性本玩。』说性善性恶都是自找麻烦，自找杠抬，说性善性恶都有理也都没有理，只有说性本玩最实在。只要能活命了，温饱了或呆好了睡够了，初人即婴儿，要干的就是玩，鸿蒙深谙此理。

又三年，东游，过有宋之野，而适遭鸿蒙。云将大喜，行趋而进曰：『天忘朕邪？天忘朕邪？』再拜稽首，愿闻于鸿蒙。鸿蒙曰：『浮游，不知所求；猖狂，不知所往；游者鞅掌，以观无妄。朕又何知！』

过了三年，云将东游，经过宋国的地盘，正好又碰到了鸿蒙。云将很高兴，快步赶上去，说：『我的天爷，您没

有忘记我吧？没有忘记我吧？』再次敬礼叩拜如仪，说是要聆听鸿蒙的教诲。鸿蒙说：『你只须——其实我们压根也都是随遇而安，到处飘浮游荡，并没有什么追求、目的；任性任意，无束无拘，随意而往，想干吗就干吗，也未必知道有个什么目标方向。飘来游去，东张西望，无际无边，真相假象，虚虚实实，悠悠荡荡，（或谓：我观众象，心正理正，自然是样。）我又知道个啥、用心个啥呢！』

相当于佛家的破执，人生不满百，何怀千岁忧，这里的说法是人生不必自讨苦吃，不要给自己找麻烦，要从一切有为、成心、仁义、道德、规范、使命、条条框框中解脱出来，利人利己，无忧无虑。本来嘛，人生几十年，不就是随遇而安，随意而往，随缘起止，随风飘荡嘛。新疆人的说法，人是随风刮起的流沙。英文的说法是gone with wind——随风飘去，即电影《飘》这一标题的原文，却原来《庄子》在两千多年前就有此意此词。

当然，这样说又太虚无太原始了，那样的话，人与一切动植物、矿物、尘埃、病毒就完全等同了。人毕竟有灵性，有自觉，有社会也有家庭、族群与国家。人并且有良知、良能、天良，有对于真善美的愿望，哪怕这种愿望还很不清晰，还存在纷争，人们还有基本上能够得到共识的价值认定与价值体悟。庄子提醒我们不要太跟自己较劲，则是有点意义的。某些时候学着点鸿蒙，多拍着腿跳跃，少装腔作势地争论你根本闹不清的大事。这也许不失为某种情况下的一个忠告。

庄子的劝告对于弱势者、老者、病人或确实不幸遭难的人，应该说不失为一种安慰。只要世界上还有你我他掌握不了的变数、意外、突然、天灾、人祸、生老病死，只要一个人的有生之年发现世界的发展变化并不可能完全称心如意，你就不可能完全用目的论、价值论、使命感、责任感取代破执与随遇而安的声明：不知所求，不知所往，以观无妄，朕又何知！

云将曰：『朕也自以为猖狂，而民随予所往；朕也不得已于民，今则民之放也！愿闻一言。』鸿蒙曰：『乱天之经，逆物之情，玄天弗成；解兽之群，而鸟皆夜鸣；灾及草木，祸及止虫。意！治人之过也。』

云将说：『其实我也就是随意而往，率性而为的，可老百姓硬是跟随着我行事呀；我是不得已才与民人老百姓打交道的呀，可老百姓现在已经习惯于听我的了，请给我一点忠告吧。』鸿蒙说：『把天地的经纬章法搞乱，违背了万物的本性，使得伟大的自然造化也没有办法按原意运转；搞得鸡犬不宁，连草木也受害，昆虫也招灾。唉，这就是统治人的过错呀！』

云将的说法令人击节，那些进入统治者圈子的人，可能有部分人是自身孜孜以求、蝇营狗苟所得来的『成功』，还有一部分人是相对清高的人，自己率性而为，无意装腔作势，却硬是受到拥护与器重，或正因为他们的高风亮节，才进入了公众与领导层的视野，他们强调他们的入世是身不由己。但是庄子极坚决，不是本意也不行，你只要进入了『治人』的圈子，干什么都是不对的，其恶果会侵害到鸟兽草木鱼虫。这些地方还真有几分无政府主义啦。

云将曰：『然则吾奈何？』鸿蒙曰：『意！毒哉！僊僊乎归矣。』云将曰：『吾遇天难，愿闻一言。』鸿蒙曰：『意！心养。汝徒处无为，而物自化。堕尔形体，吐尔聪明，伦与物忘，大同乎涬溟，解心释神，莫然无魂。万物云云，各复其根，各复其根而不知。浑浑沌沌，终身不离。若彼知之，乃是离之。无问其名，无窥其情，物故自生。』云将曰：『天降朕以德，示朕以默。躬身求之，乃今也得。』再拜稽首，起辞而行。

云将问道：『虽说如此，我又能怎么样呢？』鸿蒙说：『难受啊，真为难啊，您就打道回府吧。』云将说：『我遇到您老并非易事（或是说我遇到了天大的困难），请给我一点点拨吧。』鸿蒙说：『唉，你先保养好自己的心志吧。你就是要无为，而外物将自然而然地运转正常。放下你的身段，抛弃你的聪明，与外物在一起而忘却自身，与大自然的种种阴阳之气混为一体，使自己的心志与魂灵得到释放解脱，不再有什么执著与较劲。世上万物纷纷纭纭，还不是要各就各位，各行其道？各就各位了但是并不知道为什么、要什么、想什么，只是随其自适而已，这就对了。浑浑沌沌，终身都保持这个样子，也就不会脱离本性。如果它们要动心思去获得某种特定的想法，也就一定会脱离自身的自然状态。注意，不要给它们命名，也不必去探究它们的内情，就让它们自生自灭好了。』云将说：『您老给了我关于德的教诲，教会了我少言无言少为无为，我恭恭敬敬地期待了那么久，今天终于得到了大道的真谛。』再次行礼叩拜，起身离去。

现在的人不是时兴讲智慧的痛苦吗？庄子的药方很彻底，干脆不要智慧。没有智慧也就没有偏见，没有知与名；大家都糊里糊涂，大家都混沌一片。这样也就没有争执，没有偏见，没有服膺，没有背叛，没有献身，没有压制，没有区别，共享万世之太平。这从理论上看，绝对是有道理的，就是做不到。为什么呢？

庄子一再强调忘记自身，混同于万物，这里要解决的不仅是智慧与良心的痛苦，而且是要洗刷掉人的自觉、人的忧患、人的焦虑与一切痛苦。

五　什么样的境界才称得上高

世俗之人，皆喜人之同乎己，而恶人之异于己也。同于己而欲之，异于己而不欲者，以出乎众为心也。夫以出乎

众为心者，曷常出乎众哉！因众以宁所闻，不如众技众矣。

世上的俗人，都喜欢别人与自己意见相同，不喜欢与自己意见不同。为什么要这样呢？其用心是自己的出人头地。一心想着出人头地，其实何尝能够出人头地呢？人们一般要靠众人的所知所闻来求得一己的安心，仅仅一个人的所知所闻，他的本事可就大大地不如人众啊。（最后一句，老王宁愿解释为：靠众人的认同才能安心踏实，这样的人看着是出人头地，其实他们的处境大不如人众百姓呢。）

那个时代，什么人才能出人头地呢？诸侯、君主、大臣，还有用嘴皮子立论的圣贤。这些人出人头地的前提是有人跟着他走，听他的。把一个人的成就感直到安身立命与否的判定寄托在他人的认同上，这本身就已经丧失了自己的主体性，已经被动，已经水准不高了。庄子的这个论断有点厉害。却原来以掌握威权为人生标杆的人，实际上是在丧失自我，掌握威权的结果，是自己首先被威权，被一时的多数，被潮流所掌握。那就还不如『众』，不如做个老百姓，而得道得趣者，相对能自得其乐，能自我逍遥，能自得其道，能自我完成。前贤解释『因众以宁所闻，不如众技众矣』，是众人之技高于一人，是三个臭皮匠胜过一个诸葛亮，疑非。从整部《庄子》看来，《庄子》可不讲民粹主义，也不崇拜多数。

而欲为人之国者，此揽乎三王之利而不见其患者也。此以人之国侥幸也。几何侥幸而不丧人之国乎！其存人之国也，无万分之一；而丧人之国也，一不成而万有余丧矣。

还有那种图谋旁人的国家的人物，是看到了三代帝王的利益而没有看到他们留下来的后患。这是在抱着侥幸赌博

心理算计别人的国家。靠侥幸得了国，那么靠侥幸能不亡国亡头吗？他们图谋把一个侯国掌握到自己手里的可能性，到不了一万分之一，而亡国亡头的可能性超过一万倍。

可能是由于人生太短促了，可能是由于威权的吸引力太大了，可能是由于一般民人的日子太黯淡了，也可能是由于先秦时期群雄逐鹿的赌局太红火了，可能是由于我们的先秦政治生活缺少章法——法制，而太像热火朝天、千奇百怪的赌局了，还可能与我伟大中华民族自古就有嗜赌的风习有关，而赌的特点是百万分之一的成功率——中彩率足以吸引上千万人参与，那个年代的国人，所谓有出息的国人，硬是愿意去做那种成功的几率不足万一，失败的必然性大于一万的争权勾当。悲夫，人生如赌焉。

> 悲夫，有土者之不知也！夫有土者，有大物也。有大物者，不可以物。物而不物，故能物物。明乎物物者之非物也，岂独治天下百姓而已哉！出入六合，游乎九州，独往独来，是谓独有。独有之人，是谓至贵。

太可悲啦，一个拥有国土的侯王却太缺乏智慧了：有国土，也就有巨大的对象——外物（资源、责任、能量等）。有着巨大的对象的人物，不可以异化而成为自我的异物，成为自我主体的对立面。为而不为，管而不管，才能拨拉得开对象，而不是被对象所拨拉所掌握。明白了在巨大的外物对象之中而保持道性、主体性的大道，岂止是能够治天下管百姓这点入世的小事，更可以出入六合三维空间，遨游天下九州，想去哪儿就去哪儿，想做什么就做什么，这叫做独往独来。这叫做独有——独立。你能做到独有——独立了，这才算至高无上。

庄子认为，能够出世，能够具有出世逍遥、高端超拔、独立不羁的品格，比善于精于入世更重要。出世的道行乃是入世的前提与基础，而保持精神的自由与主体性比治理天下、掌握威权更重要。宁愿想入非非，不可丧失主动；宁愿无为一身轻，不可为外物所物役，即不可使自己陷入被动。从某种意义上说，这也叫置之死地而后生。先把自己摆到被废黜、排斥、靠边、歇菜或主动自我废黜、排斥、靠边、歇菜的境遇，再考虑能否多少做点什么。你必须认清，本来世上人们并无可为、无能为、无以为、为也白为，为也是缘木求鱼、南辕北辙、画虎类犬、无事生非、庸人自扰、害人害己、自讨苦吃、自寻烦恼、自取其咎……这方面的成语、谚语、熟语之多正是老庄思想深入人心的证明，更是人众阅历、经验与老庄思想契合的证明。你很渺小，人都渺小，世界根本不会按你的意思运转，你不要抱什么希望，更不可摆出一副重任在肩的架势。有了这些冷准备、冷地基，庶几略图伸展一下，做一点有用有益有理有利有节的事，见好就收，急流勇退，独往独来，无喜无悲。能够提出独往独来，也算有中国特色的知识分子独立性的一种说法啦。有趣的是，这种独立是出世、退世、遁世的产物。早在《人间世》一章中，庄子告诉我们的是，如果你入世，你是拿威权毫无办法的。

> 大人之教，若形之于影，声之于响。有问而应之，尽其所怀，为天下配。处乎无响，行乎无方。挈汝适复之挠挠，以游无端；出入无旁，与日无始；颂论形躯，合乎大同，大同而无己。无己，恶乎得有有！睹有者，昔之君子；睹无者，天地之友。

大写的人——圣人、至人的教化如影之随形，响之随声，须臾不离不弃。有问题就有答案，有起动就有反应，全无保留，与天下相匹配相符合。它存在（此种教化）而并无响动，运动而并无路线，带着你回到纷纷乱乱的原生状态（或

带领纷纷乱乱的众生）；遨游在无边无际之中，出入是独来独往不依傍什么，也没有哪一天算开始或者算结束，永远是绵绵延延；形象身躯，合乎大同、大道、大的本体，合乎——归属于大同了，哪儿还会有什么个人、小我可言呢？没有个人的主体了，哪儿还会有什么（被观照、被区分的）客体存在？能够观察到客体存在的人，是前人中的君子；能够观察到天下的实质是虚无的，才是做到了与天地同游的天地之友之伴呢。

刚刚讲完了有中国特色的知识分子的独立性，又大讲起无我、无存在、无一切来了。古圣先贤的悖论思维，戴上个摩登幌子就是辩证思维，太厉害了。形影声响之论似乎玄虚，然而或可理解为，对于思想者来说，问题的提出已经包含着问题的答案。正像历史提出的问题本身必然包含着解决问题的因素，历史只提出它已经能够解决的问题一样，哲学家也同样只提出能够解决的问题。万物万有，众生众灭，存在通向虚无，虚无再成存在，问题就是答案，答案再成问题。以问求答，以问作答，这是一种思辨的好方法。如我讲过，问：道到底是什么？答：到底就是道，道就是穷追到底的觉悟。问：人生的意义是什么？答：意义就是对于意义的永远的追求。问：处于逆境，我如何能够活下去？答：逆境正是活着的滋味，至少是滋味之一种。问：怎样才能取得成功？答：去取得，去争取，已经是成功，或者，不成功也是成功之一种……这样的说法中既有真理，也有自我的慰安与精神享受。

观察到有，是昔日的君子。君子在这里应无贬义。承认客观世界的存在，君子们才战战兢兢，谦恭谨慎，只是不免小手小脚，哆里哆嗦。而看到无的人，才是大气磅礴，逍遥无极，把思想抡足，把想象用神，叫做尽其所怀，畅其心性。古往今来，有几个这样的巨鲲神鹏式的人物呢！

六　怎么办呢，没的可做也还得做一点

贱而不可不任者，物也；卑而不可不因者，民也；匿而不可不为者，事也；粗而不可不陈者，法也；远而不可不居者，义也；亲而不可不广者，仁也；节而不可不积者，礼也；中而不可不高者，德也；一而不可不易者，道也；神而不可不为者，天也。

虽然很低贱琐碎，但是你不能不允许、任凭、承认其存在，这是外物；即使卑下，你还得因应着他们顺依着他们，这是民人；虽然不能太张扬，不能不藏着掖着一点，但是你还得去做去干，这是事功、事务、人事；虽然粗疏，有漏洞有疑问，仍然不能不讲说解释，亮出来，这是法度；（似是说有点猫腻的事你有时也无法一点不干，绝了；即使法度挂一漏万，有明有黑，也比完全无法无天好。）虽然听起来很陌生遥远，但是不能不保持、保有的，是义理，即价值准则；虽然可能显得太浅显太小儿科，乃至不无偏私，但是不能不推广的，是仁爱；虽然应该有所节制避讳，否则很容易虚矫过度，但是不能不留存积累的，是礼仪、礼法；虽然本来它的性质是平和中庸，但是不能不高调宣扬的，是德性；既是一以贯之，又是时时变易发展的，是道；本来是形而上的概念，我们却要视之为行动的要求、行为的准则的，则是天意。

不知道这一段是不是假庄周之名而写的。它以退为进，它倾向于和个稀泥，既承认儒家提倡的许多概念，如仁、义、礼、法、事、民等，也承认儒道皆喜用的概念道、德、天等，皆不甚纯粹，可能走向反面，但还是不能不用，不能不认真考虑与恰到好处地把握之。其实不仅是这些概念名词，一切概念名词，包括崇高、伟大、永恒、信念、理想、主义、献身、光明、神圣、友谊、天堂、幸福、人民、事业等等，都是一样，不可不用不信，不可自己跟自己较劲，不可反

过来被概念名词所统治所异化，不可为了崇高伟大的名词而做蠢事。

故圣人观于天而不助，成于德而不累，出于道而不谋，会于仁而不恃，薄于义而不积，应于礼而不讳，接于事而不辞，齐于法而不乱，恃于民而不轻，因于物而不去。

所以圣人注意体察天意天理，但是并不以为自己可以助天行事，可以搀和天的所为；（或者可以释为并不希图天助自身。）圣人成就德行，但不是也不为所累，不会为了践行德性而勉强造作，不会给玄德留下瑕疵；圣人能够吃透大道，但是绝对不以之谋划什么；圣人符合仁爱，但不依仗着它自我膨胀；圣人能够仗义行事，但不是用来积累个人的道德资本，不是道德投资；圣人也注意符合礼仪，但不刻意避讳什么；圣人遭遇到事务，并不推辞；圣人同样注意不触犯法度，而不是扰乱法度；圣人做事注意民意，而不会掉以轻心；圣人做事注意因应客观状况，而不会拒绝承认外物。

这里提出了十个字：天、德、道、仁、义、礼、事、法、民、物。这基本上是讲作为而不是讲无为，并不将其中的天与道特别抬举起来。你要注意体察天意，但对天意的了解不可抱实用主义的态度，不可以天意的名义去办自己想办的事。这样，既不误以为天意助己，忘乎所以，也不至于以为自己可以助天，为自己提出不可能实现的任务。你要自然而然地成就德性，不是作状，不背包袱。要懂得万物发展变化的规律，但不可以之谋私。有爱心但同样不卖弄，不以之做本钱捞取回报，等等。不再痛骂仁义礼法，而是以平常心，以自然的态度做一点能够做的。这也是一种不尽相同的说法与做法。

物者莫足为也，而不可不为。不明于天者，不纯于德；不通于道者，无自而可；不明于道者，悲夫！何谓道？有天道，有人道。无为而尊者，天道也；有为而累者，人道也。主者，天道也；臣者，人道也。天道之与人道也，相去远矣，不可不察也。

外物并不值得人们去做多少事情，但是不能不做。如果你不明白天道天意，你的德性也就不会纯粹专一。搞不通大道，也就不知道什么事情是可以做、应该做的，就没有什么要做、什么不要做的自觉、自持与自主。如果硬是搞不明白大道，也就很可悲了。什么叫道呢？有天道，也有人道。无为而至高无上的是天道，有为而牵扯不清，反过来成为负担的是人道。天道是主宰，人道只能臣服天道。天道与人道相差甚远，不能不闹清楚。

用今天的话来说，这讲的似乎是一种内功。『物者莫足为』，可以解释为外物不足以使人有什么作为，外物自有其规律，人为地去干预它，害多利少。外物并不是嗷嗷待哺地期待着君王啊圣人啊的作为，自以为是的人们的作为常常是庸人自扰。这似乎有点遵行客观规律的意味。『无自而可』的说法回溯一下，等于是说人如果搞通了大道，自然知道该为什么，与不为无为什么。为应该有一种自然的、自行正确选择的能力，既不妄为，也不失去机会，该为的时候硬是不作为。弄清天道与人道的区分，很好。犹如说是最高的技巧是无技巧，是浑然天成、行云流水；那么低一点的技巧，就是苦心孤诣与雕虫小技。又犹如说某某的成功如有天助，那么差一点的成功就是苦战后的惨胜。最高级的哲人，应该是深入浅出、循循善诱，如谈家常、清水芙蓉、触手生春；那么差一点的思想者呢，则是牛皮轰响、装腔作势、咬文嚼字、握拳瞪眼、便秘干燥了。

以上三段，古今之识者或认为与庄子一贯说法不合，认定是伪作，不取。确实，法呀，义呀，为呀，都是庄子前边所猛烈抨击与嘲笑的，怎么到了这里又讲它们虽然无根本的价值，却是不可不有的呢？然而无妨，作者问题只能存疑，这个段落的思想，用相对比较中庸的态度解决庄学与儒学的激烈矛盾，有可欣赏处。

『贱而不可不任』一段，很有点多元共处的观念，务实的观念，低贱有低贱的存在的权利，卑下有卑下的必须正视的地位……如此这般，甚至于像丘吉尔的说法：『……民主很糟糕，没有民主更糟糕。』这是一种低调的治国平天下的理论，比神魔对立模式更接近实际。

『物者莫足为也』的说法更加老到高明。从理想主义的高度看，从唯美主义的角度来看，从大道、无穷、永恒的观点来看，世事无可为者也。从政可能言行不一，心口难调，好心无好报。从艺可能虚夸，神经质，装腔作势加雕虫小技，其实没有几个人真拿你当回事儿。从医可能大病治不了，小病治大了，很难说清楚你是给病人及其家属解除的痛苦多，还是增加的痛苦与麻烦多。从商可能是铜臭熏人，盘剥投机，为富不仁。从教可能是拉平智力，培养庸才，误人子弟。从工可能是污染环境，贻害后人。讲话多了滔滔不绝，叫做嘴把式。讲话少了，叫做无一技之长却要装大头菜……但是怎么办呢？什么事都不干吗？人活一世，还是得干点事。先看清一切的失算的可能，看清一切的龌龊与危险，再力求『观于天而不助，成于德而不累，出于道而不谋……』，就是说尽量避免走向自己的反面，尽量避免目的与追求异化为自己的对立面。要投入要敢拚，又要留下回旋与应对的空间，以网球、乒乓为例，要避免失掉重心跌倒在自己的发球、击球、抽杀之后。

这是非常中国的智慧，你要做事，不能只是躺在大臭椿树下睡大觉，但又不能太在乎，太急于求成，太孤注一掷，太拚死拚活，你要悠着点儿，在努力中因应自然，尽人事而听天命，随时自我调整。除了战争中、法庭上等特殊情况外，这样的态度还是比较聪明的。

老王说：一上来几乎来了一个彻底否定，黄帝、唐尧、虞舜以及种种治国理念，全否了。对庄子来说，这一切多是扰民，是穷折腾，是南辕北辙、缘木求鱼。痛快淋漓，写文章的长项是批判而不是建设，站着说话是不腰疼的。奈何？但他的思路并非空穴来风。修齐治平的说法有夸张与不量力处，于是干脆自救，连黄帝也休养生息、面壁思道思寿去了。叫做『入无穷之门，以游无极之野。吾与日月参光，吾与天地为常……』，这词可真好！不知道陈凯歌电影《无极》的标题是否受过《庄子》的启发。再往下走，又和起稀泥了。华丽的无奈，无奈的辉煌，庄兄啊，你当真是繁花似锦，璀璨如星，处乎无响，行乎无方……

天地：登高四望，满目珠玑还是满目垃圾

天地间那么多现象过程，人世中那么多概念名词，说法与说法互相争斗，主张与主张互相绞杀，立论与立论互相遮蔽。哪个能人不想来他个高屋建瓴，势如破竹，简单明快，清楚干净，手到擒来，板上钉钉，从此一通百通，一顺百顺，使自我与真理划上永恒的等号？何况庄子和他的追随者们，他们是才高八斗，智慧惊天，舌生虹霓，目胜光电，俯拾皆珠玉，谈吐尽火花。忽然他们作出高屋建瓴、势如破竹的论断，恍如要用一根绳子穿起世间的一切真理，用一

件神瓠载满万象万物。忽然他们热讽冷嘲，痛快淋漓，把俗人俗见，把儒家名家（实际上还骂了法家）的一套贬了个一文不值。忽然他们讲起了寓言故事，隽永生动，味道无穷，旁敲侧击，令人拍案叫绝。忽然他们玄虚伟大，扩张膨胀，独来独往，睥睨众生，高论如云端雪峰，又如水银泻地。忽然他们巧言挑剔，逆向飞奔，让读者瞠目结舌，跟不上趟，也吃不上土。吃不上土，是指你落在后面，不但追不上人，而且『吃』不上你追赶探讨对象的马蹄或车轮扬起的尘土。按，本章稍后面讲到的『喫诟』，就是吃得上土的意思。

当然，太高明了也有麻烦，有时如龙卷风卷起的一团，有吉光片羽也有飞沙走石，有花团锦簇也有陨石屑片，难于条分缕析，也未免性之所至，天花乱坠，才华有余而严谨不足。

只有我中华才能出庄子，也只有庄子才会迷我中华，悦我中华，抖擞我伟大中华，也多少误了咱中华矣！

一　原于德而成于天，妙语东方不败

天地虽大，其化均也；万物虽多，其治一也；人卒虽众，其主君也。君原于德而成于天。故曰：玄古之君天下，无为也，天德而已矣。

天地虽然很大，它的运作、作用、变化却是均衡的，无私的；万物虽然杂多，它的本质、道理、法则却是统一的；人员虽然众多，他们的主子却是单一的君王。君王之所以为君王，是由于具备德性顺应天命，因应天意而完成政事。所以说，远古之君君临天下，并非个人争取作为的过程，也不需要有什么作为，他君临天下的依据仅仅在于他具有天之德，他的君临天下也只需要依天德而无为。

这一段话与内篇讲唐尧让位许由被拒的意思完全不同，『人卒虽众，其主君也』『君原于德而成于天』等等，更像后世忠君的儒家语。或者说，这更像取得了或说不定是窃取了君位的人为自己的地位找说辞，找依据，找说法。也许撰写者要的是庄子的天、道、德与儒家的所谓君臣之义的折衷与融合。

中国式的哲学的更是政治的一元论，源远流长。说到底，《庄子》外篇也向一元论认同了。

『原于德而成于天』的话有点经验之谈的意思。有了德不一定当得成君王，天不助你，天亡我也，在最好的情况下你照样可能是楚霸王的下场。那么成于天却没怎么看出德的充沛来的情况，会不会出现呢？《庄子》里没有谈，诸子百家似乎没有什么人愿意谈这个话题。中国的士人是到处兜售仁义道德的，他们不敢正视天成与原德有时候是冷酷的关系。胜者王侯败者贼，这基本上是民间的总结。老子认为失道而后德，认为天下只能以无事取之，天地是不讲仁义的，这已经沾上了边，但也就到此止步了。

『原于德而成于天』又是给君王找词儿的好路子，我成功了是原于德、成于天顺天承命所向无敌。我受挫了，败惨了，仍然是原于德，但未能成于天，是天亡我也，我不负责任。

『原于德而成于天』还是一种留有余地、左右逢源的说法，怎么说怎么有理，怎么变怎么有理。

以道观言而天下之名（君）正；以道观分而君臣之义明；以道观能而天下之官治；以道泛观而万物之应备。

用大道统领用词用语，天下的概念、名分就恰当了，不混淆不颠倒了；（或是，用大道统领，君王的旨意就正确无误了。）用大道统领区分人际关系与等级，那么君臣之大义、大原则、大框框就明晰了；用大道统领才能智谋，那

么天下的官员都具有了管治能力；用大道统领一切，就能掌握万物的规律，就能顺应万物，从而使万物应顺齐备。

这也是非常中国式的概念崇拜与文字崇拜。我们喜欢找一个带几分神性的概念，找一个字，解析之，发挥之，夸张之，神化之，然后认定它决定一切，一通百通，一顺百顺，一能百能。它常常会是天字或道字，也可以是德，是仁，是义，是气，是忠，是孝，是诚，是敬，乃至是礼。这个字上蹿下跳，伸缩如意，功能无限，主导与涵盖一切。对于读书识字的人来说，这种思路极有吸引力。如果能够清醒一些，就能够看到人的这种单字单词概念崇拜，虽然可爱，却也明明白白地自欺欺人。

为什么世界上有所谓『书呆子』一说，就因为言语、概念、文字比生活更纯粹也更抽象，更理想也更绝对。我们看到慈善一词，我们感受到的是仁者仁术，是爱心爱意，是好人好报，我们看到美丽一词，我们想到的是陶醉欣赏，是完整纯洁，是销魂夺魄；我们看到崇高一词，我们想到的是清洁高尚，是舍己为人，是典范永垂。但是实际生活中，慈善与慈善也有悖论——例如会不会帮助了懒汉，慈善家的实力、个人消费水准仍然会使弱者嫉妒，慈善的言论也有可能没有百分之百地兑现，大慈善家也不能说就全无私心。而生活中的一个美女，一个美景，也会有不同的观感。化妆过度的美女不真实也不自然，愤怒中的美人照样会暴露出自身凶恶的一面，疾病、疲惫、各种负面的情绪都会化美为丑，而干旱、地震、过度拥挤或过度冷落都会使美景变味。崇高的事业或言论中搀杂了作秀与大言的事例也并非罕见。这样的美丽的语词胜过了美丽的实际，慈善的教义胜过了慈善的机构与人员，崇高的理念盖过了崇高的事体，纯金的纯字给人的观感似乎比实际成色的百分之九十九点九九还要纯粹。这样的事例的发生，使书呆子更倾向于念念有

词，胜过了身体力行。当然也可以换一个角度来说，是语言与文字提升了人们的精神品质与精神追求，提高了人们的文化品位，为人们立下了永远向上的标杆。这样，人们可能相信言语、书籍超过实际，人们会沉醉于书籍中而拒绝现实，人们会成为书呆子。

故通于天者，道也；顺于地者，德也；行于万物者，义也；上治人者，事也；能有所艺者，技也。

能够与天交通，能够理解与影响、作用于天意天命的，是道；能够适合地的格局与功能，能够与地的本质相一致的，是德；能够通达万物的，是义；能够自上而下地治理众人的，是人事、国事、事功；能够通晓某种工艺的，是技术。道、德、义、事、技，这不知道算不算五行或五德的一种版本。金木水火土，侧重于世界的物质元素、物质构成。仁义礼智信，侧重于伦理道德、人际关系。而道、德、义、事、技云云，主要是讲治国平天下，从抽象讲到具体，再从具体讲到抽象。

天道地德的说法有点意思，道是高悬日月，高高在上的，虽说是作而弗始、生而弗有、为而弗恃、功成而弗居（《老子》第二章），实际上仍然处于主宰一切的地位。德是恩德，是功能，当然大地离我们更近，养育我们，承载我们。义是关系学，不仅包括人际关系，还有与万物的关系，这很好。

《天地》一章的开头部分，与《庄子》其他篇章文风有些不同，其他多数文字是汪洋恣肆、潇洒浪漫、摇曳多姿、奇峭绝伦、上天入地、实实虚虚的，而一进入此章的头几段，就有点冬烘气、陈言腔。底下一小部分益发如此了：

技兼于事，事兼于义，义兼于德，德兼于道，道兼于天。故曰：古之畜天下者，无欲而天下足，无为而万物化，

渊静而百姓定。《记》曰：『通于一而万事毕，无心得而鬼神服。』

有了技艺，就可以发展到事功，有了事功就可以发展到义理，有了义理就可以发展到大道，有了大道就可以发展到天意天命。所以说，古人管制养育天下，不是一定要想干什么与要求什么，而天下自然知足常乐。不是一定特意去做什么管什么，而万物自然接受了教化引导。君王像深渊一样地安宁静谧，百姓也就生活得安定踏实了。古书有云：『通达了定于一的大道（抓住了大道这个治国平天下的牛鼻子），则万事妥帖；没有什么意图也没有什么追求，却连鬼神也会自然而然地敬服你。』

我们先人的思维方式，更强调物、名、事之间的联系，而不是区分。他们喜爱的表达方式是从这个概念发展、拉扯到另一个概念。让我们假设A与B相邻近，那么第一步是从A拉扯上B，然后第二步是从B再扯上C，然后是D—E—F—G，直到X—Y—Z。然后还可以反过来，从Z一直经过Y—X—W—V—U……论述到A。其逻辑不无可疑，其内涵不无主观的一相情愿，但是作为文章文气，甚为贯通。古人今人都喜欢借那种所谓高屋建瓴、势如破竹的文字发表高见政见，乃至治国理政、公共管理，也相当地文章化、文气化，精彩乃与谬误同出，呜呼！

《庄子》的多数文字是贬技、事、义而扬道、德、天的，此章却认为从技可以兼顾到事，从事可以升华到义，然后一通百通，直通到天上去，这也是此章此节的特殊处。

夫子曰：『夫道，覆载万物者也，洋洋乎大哉！君子不可以不刳心焉。无为为之之谓天，无为言之之谓德，爱人利物之谓仁，不同同之之谓大，行不崖异之谓宽，有万不同之谓富。故执德之谓纪，德成之谓立，循于道之谓备，不以物挫志之谓完。君子明于此十者，则韬乎其事心之大也，沛乎其为万物逝也。』

先生说：『大道是覆载万物的，它是太伟大啦。有志于学道的君子、士、大人物们不能不对之敞开心怀。不去刻意做什么而做了事情，这叫做天意、天心、天成；不去故意说什么话而有所流露，有所影响，有所表率，这叫做德；对他人与万物有爱心，有利好之意，这叫做仁；能够从不同的对象与观点中找到与自己相同的地方，找到共识，能够认同与自己意见不同的人或人群，能够理解与自己意见不同的人的思路，这叫做大度；不管做什么事，从不觉得逼仄狭窄，也不会去标新立异，这叫做宽宏；能够体会接受一万种不同于己的东西，才叫丰富。所以坚守德行的叫做有纲纪与原则；能够因德而成事的叫做可以立身，可以站得住了；能够按照大道来行事，叫做齐备而且不败了；不因外界的因素而受挫折，才是完美圆满。君子明白了天、德、仁、大、宽、富、纪、立、备、完这十方面的要义，他的心胸就深远广大了，而他的精神力量，他对万物的说服力、吸引力、感化力也就充沛丰盈了。』

中国自古以来对于修身养性有各种说法。坦荡荡呀，三省吾身呀，浩然之气呀，定、静、安、虑、得呀，都很脍炙人口。此章的某些说法也还不无新意：『不同同之之谓大』，这有点意思，能从不同处看出同来，有点胸怀阔大、超强认同的意思啦。『行不崖异之谓宽』，不使自己陷入狭路与险境，永远认识到天下之大与选择之宽泛，这样的设想也很不错，那么解释为自己不走险棋，不搞标新立异也就合理合情了……『德成之谓立』的说法令人嗟叹，世上有多少缺德之人靠势力靠钻营靠卑劣手段也成了事，然而这样的成事是站不稳的，这样的成事者往往成得快完蛋得也快，以德成之才算是你的站立，否则不过是仗势而立，势去则倒罢了。『循于道之谓备』，只好承认，有循于道而有所成就的，有悖

于道而一时有成的，但二者之预后是不同的，二者的后劲儿大不一样，两种人的下场也是不同的。其不同就是备与不备、无缺陷与有缺陷的区别，因投机而一时春风得意者，与因大道玄德而行事出类拔萃者的预后当然不同。『文革』中的『三种人』曾经得意洋洋，而今安在哉？有些由于『赶上了车』而红了一把的小棍文人，而今安在哉？『不以物挫志之谓完』，讲的是抗逆性，比如庄稼，你能不能抗倒伏、洪涝、干旱、病虫与狂风暴雨？能不能经得住『苦其心志，劳其筋骨，饿其体肤……』呢？能抗逆，才堪称完全。

中国封建社会的漫长与政治斗争的险恶，是我们民族的悲哀，但也是财富。早在先秦时期，我们的大师们的人生与个人修养思考已经深了去啦！

『若然者，藏金于山，藏珠于渊；不利货财，不近贵富；不乐寿，不哀夭；不荣通，不丑穷；不拘一世之利以为己私分，不以王天下为己处显。显则明。万物一府，死生同状。』

『做到了如此这般，就像将黄金藏到山中，将珍珠藏到深渊，安全沉稳深潜；不追求财富，不奉迎权贵富佬；不过生日，不求长寿，也不因夭亡而悲哀；不因好运而得意，不因碰壁倒霉而灰头土脸；不会将普世的利益、好事归入自己名下，也不会因为在天下（世间）牛气冲天而显摆卖弄。太彰显了，也就浅白直露，缺少深度与内涵了。其实万物的区别虽然很大，它们有着同样的结构与原理，都处在同一个世界之中，死生虽然截然不一，其实都是变化发展存在的状态之一种。』

果然，中国哲学一上来就显得比较老到，比较成熟，它提倡深潜、内敛、保留、沉稳、虚静、克己、慎重、谦逊、忍耐，

而不提倡挑战、竞争、创新、冒险、透明、尝试。今天的人，接受了许多全球化时代的信息与价值观念，再回到老庄孔孟这边学学传统智慧，把内敛与开放、沉稳与热烈、虚静与搏击、慎重与勇敢尝试结合起来，将立于不败之地喽。

死生同状，是说死亡——即不再存在乃是存在的一种形式，这个说法很大气，也很精辟。好好想想，令人心旷神怡。

夫子曰：『夫道，渊乎其居也，漻乎其清也。金石不得无以鸣。故金石有声，不考不鸣。万物孰能定之？』

先生说：『这个道呀，它的存在位于渊深之地，它的质地清澈而又明洁。都知道金石之声好听，没有道，也发不出声音，叫做金石有佳音，不敲无以鸣。天下万物，谁能认准它们与大道之间的互动互应，谁能对于大道有一个明确固定的认识与表述呢？』

《天地》一章，一上来就闹了一大堆抽象名词，多少有点空对空与杂乱无章、文字循环推演的感觉。到这一段了，金石与声音的说法有点意思啦。金石本来好听，但是无道则如无人敲打，仍然是默默无声。就是说，天下万物是自然的芜杂的存在，道是深潜而澄明的本质，本质起着驱动的作用，用英语中喜欢用的说法，叫做激活——activation。道就好比那敲钟之手，敲钟的一击，那激活的一敲，那驱动的一组天然的程序。西人也对这最初的一敲或一推极感兴趣，当他们接受了牛顿的惯性定律以后，颇有人认定是上帝进行了第一推第一敲击，才使世界万物运转不休的。西人的上帝是人格神，老庄的大道是概念神、理念神、真理神、哲学——数学神。最后，人格神也会向真理神靠拢，因为神过于人格化了，会与神性相悖，如米兰·昆德拉就纠缠于耶稣是否进卫生间的问题。而概念神在被崇信被歌颂之时，也在稍稍地、悄悄地人格化，否则难以成为情感寄托的对象。

同时这里留了一手，道与万物的互动是没有什么人能够弄得清的，道本身并不是固定与确实的，道若有若无，若静若动，若虚若实，若始若终。道并不像以手敲钟或以槌击磬那样明确彰显。这有点像讲了一大套道理以后，最后加一句『天机不可泄露』的神秘味道。而人们的本性是，越是神秘，越是没有准头，它就越受欢迎和迷恋。

『夫王德之人，素逝而耻通于事，立之本原而知通于神，故其德广。其心之出，有物采之。故形非道不生，生非德不明。存形穷生，立德明道，非王德者邪？』

先生继续说：『具备着充实的德性之人，简单朴素真诚（或者是本色地作出反应），我行我素，而以通晓人情世故为不取。他只须保持本原的德性就能智通于神，与大道自然一致。所以说，他的德性广阔。他的一个心思、意念出现了，就能与外物有所互动。所以说，人的形体如果没有大道也就不能产生，产生出来了，没有玄德，他的生命也是糊里糊涂、暗淡模糊的。能够保存延长自己的形体，尽享自己的生命天饷，遵守德性，明白大道，这难道还不算德行充沛的人吗？』

从个体生命的发生状况出发来理解大道的本性，这不失为一个好办法。『形非道不生，生非德不明』，你的形体与生命的出现并非你的意志有所要求有所作为的结果，而是道与德自然发展的结果。此话虽然简单，但内涵丰富，值得深思。这样，你就能相信和依靠这个自然，这个大道，这个玄德，你就不会去热衷于后天的学习精进与人情世故。一方面是耻通于事，另一方面是心出则有物采之，这是一个对立的统一：我行我素与耻通于事是强调主观的作用，强调主体性；有物采之，则又强调主客观的互动。

如毛泽东氏喜言，物质可以变精神，精神可以变物质。当然，这也是一种不无美好哲理与诗情的乌托邦。毛泽东氏晚年的悲剧恰恰在于他把精神变物质想得太简单、太直接、太一相情愿，乃至太神异化了。他以为他的精神伟大神异得不得了，直接可以改变世界改变中国呢。唉！

『荡荡乎！忽然出，勃然动，而万物从之乎！此谓王德之人，视乎冥冥，听乎无声。冥冥之中，独见晓焉；无声之中，独闻和焉。故深之又深而能物焉，神之又神而能精焉。故其与万物接也，至无而供其求，时骋而要其宿，大小、长短、修远。』

『浩浩荡荡，忽然就出现了，生机勃勃地运动活动起来了，同时万物跟随着他前行。这样的富有德性之人，似乎没有他人能看见他有什么形象，也没有听到他发出什么声音。然而冥冥昏暗中能够看到光亮，无声之中可以听到和弦。所以深而又深之中，能感知到对象（或能够使用、指挥物象）；神妙玄虚之中，能得出精微的体察。这样的大道与王（旺）德之人，能与万物相通，一无所有而能满足万物的需求，时时运动变化而能成为万物的归宿，大小、长短、修远，各得其所其宜，各显其所妙。』

是的，除了前面提到的谦虚、谨慎、深藏等等之外，还要追求一种超经验、超现实的神秘体验、巅峰体验。突然出现，生机盎然，无形无声，有曙光，有妙音，深邃仍然是其中有物，其中有象，神秘而又精微，接通万物，寓于万物，以无供有，以动存静，至高至上，至精至神，大哉道也。快哉乐哉圆满哉学道知道也。

老庄的学说，影响主导了中国道教的建立与发展，当非偶然，上述的说法带有宗教的神秘体验的性质。宗教不完

全是一个认识论哲学思考的结果，也许更需要神秘情感期待。『冥冥之中，独见晓焉；无声之中，独闻和焉。』这是激动人心、催人泪下的赞美诗，这接近于迎迓天使的管风琴伴奏圣诗班大合唱。

二　智力、目光、迅捷，硬是体悟不了抽象模糊的道性

黄帝游乎赤水之北，登乎昆仑之丘而南望，还归遗其玄珠。使知索之而不得，使离朱索之而不得，使喫诟索之而不得也。乃使象罔，象罔得之。黄帝曰：『异哉，象罔乃可以得之乎？』

黄帝在赤水之北旅行，登上了昆仑山向南眺望，回来后发现丢失了一颗大宝珠。他派智力超群去寻找，没找到。派目光锐利去寻找，也没有找到。再派行动迅疾去寻找，还是没有。最后派了抽象模糊去找，找到了。黄帝说：『怪呀，原来抽象模糊才能得到宝珠，才能得到大道呀。』

把副词、形容词人格化作寓言，世上并不多见，这样的寓言，内篇中有儵、忽与浑沌的故事，这里又出现了知、离朱、喫诟与象罔的故事，都极可爱，闹不清含义也可爱。我国二〇〇一年高考作文题中有所谓渡河前需要卸载的寓言，讲的是一个年轻人背了七个背囊，分别是——美貌、金钱、荣誉、机敏、才学、健康和诚信。让同学论述渡河人应该丢掉哪一个，走的也是这个路子。可惜的是有经济学家认为，此时应该丢掉的是诚信，而作文命题人的意愿恰恰在于：什么都可以丢，唯独诚信不能丢。

目光锐利，行动敏捷，智力超群，不如抽象模糊。这也很妙。遗失这遗失那，原来遗失的最宝贵的东西是那份模糊混沌的象罔，这象罔是星云，是气雾，是精神，是纯真，是无端，是齐物，是道枢，是大道，是玄德，是本初与归宿。

你能有多少好词，你能有多少悟性，全用到这里吧！

在中国先贤尤其是老庄那里，一切智力、视力、效率、精确都不如道心道性、玄思慧根管用，因为世界本身就是大而化之的，抽象模糊的。这样的思想与学问确实有趣，自有其精彩之处，也确实太片面了。这样的思路下哪里会有科学技术、数学逻辑的高度发达？

尧之师曰许由，许由之师曰齧缺，齧缺之师曰王倪，王倪之师曰被衣。尧问于许由曰：『齧缺可以配天乎？吾藉王倪以要之。』许由曰：『殆哉，圾乎天下！齧缺之为人也，聪明睿知，给数以敏，其性过人，而又乃以人受天。彼审乎禁过，而不知过之所由生。与之配天乎？彼且乘人而无天，方且本身而异形，方且尊知而火驰，方且为绪使，方且为物絯，方且四顾而物应，方且应众宜，方且与物化而未始有恒。夫何足以配天乎！虽然，有族有祖，可以为众父，而不可以为众父父。治，乱之率也，北面之祸也，南面之贼也。』

唐尧的老师是许由，许由的老师是齧缺，齧缺的老师是王倪，王倪的老师是被衣。有一次尧问许由：『可以让齧缺去治理天下吗？我想委托王倪去请他出山。』许由说：『那可就悬啦，天下也要遭殃啦！齧缺这个人呀，聪明睿智，机智敏锐，他的才能素质都超过常人，又能够通过人事回应天然。他知道怎么样去阻挡取缔罪过，却不知道罪过是如何产生的。你让他治理天下吗？他会抓紧人事而忽视天道，他会凸显自身而标新立异，与众不同，他会耽于智巧而且急于求成，他会日理万机，忙忙碌碌，他会为外物拘束妨碍，他会忙于四面八方的应酬接待，他会讨好外界，事必完美，时时因外界的作用而调整自己，缺少稳定恒常。他怎么能治理天下？当然了，有这么一群子民，

也就得有个主导，他可以领导一大群人却不可以治理天下。一心想着去治理，这才是造成乱局的根源，是人臣也是君主的祸源。」

这一段写得生动精彩，亲切熟悉，反观周围，这样的人和事多了去啦。一些有为的政治家、统治者，大多是啮缺型人物，他们的行事像是一个精明的经理，却不能把治国提升到哲学与艺术的高度，更达不到大道的高度。他们战术精明却未必懂得战略，他们手段精美却未必记得住目标，他们足以办成几件事，几件差事，却不可能成为万世师表。他们有精明无学问，有事功无远见，有应对无方略。例如文中所说，他们精于惩罚犯罪，却治标而不治本，如布什之反恐然。他们日夜操劳，招数、措施、说法不断，却闹不明客观规律与世界大势、宇宙大势，常常是人算不如天算，聪明反被聪明误，勤政反被勤政误。他们要做的事太多，活活累死仍然达不到预期的效果。他们智商超高，会以超人超前的妄为违背平庸的常识而自找苦吃。例如中国的「文革」。他们刚愎自用，急躁主观，以超常的才具犯超常的过失。某些时候他们又会因机敏过人而多变善辩，反而丢分。这样的有为之君，结果变成了乱国之源的，不也是并不鲜见吗？读读姚雪垠的《李自成》，想想崇祯朱由检的教训，就明白了吧。

为什么偏偏啮缺是许由的老师呢？由许由出面痛批自己的老师，一直说到北面臣子之祸与南面君王之贼，还了得？这难道不会影响高士许由的形象吗？这里有没有春秋笔法？

应该说，这一段与前段讲光靠精明强悍还是找不到玄珠的含义互为匹配。治国理政也是一样，需要来点象罔之道，混沌之道，而不能什么都一清二白。

三　好事令人忧，真正的圣人不忧

尧观乎华，华封人曰：「嘻，圣人！请祝圣人，使圣人寿。」尧曰：「辞。」「使圣人富。」尧曰：「辞。」「使圣人多男子。」尧曰：「辞。」封人曰：「寿，富，多男子，人之所欲也。女独不欲，何邪？」尧曰：「多男子则多惧，富则多事，寿则多辱。是三者，非所以养德也，故辞。」

唐尧到了一个叫华的地方（今陕西华县一带），在华地驻守的一位人士对尧说：「您是圣人呀，我祝您长寿。」尧说：「算了吧。」「祝您发财。」尧说：「算了吧。」「祝您子孙满堂！」尧说：「算了吧。」华地人士问：「长寿、富足、子孙满堂，是人们的心愿呀。您却拒绝，这是什么原因呢？」尧说：「子孙多了就负担大，财富多了麻烦也就多，太长寿了容易在衰老病弱之后受欺负受污辱。这三条，不符合德的要求，所以我只能谢绝。」

斯言令人叫绝。多男子多惧，或不尽然，但儿子多了家庭更加四分五裂的事也确有见。看来多子多孙，有依靠也有负担，有危险，争拗也多，拖累也多。富了当然出事出麻烦，一个大富豪活得要比打工仔复杂得多。如万科王石，汶川地震时由于出言不慎找的事，能不令人惊心？富了被绑票被审查被攻击被嫉妒的，古今中外，大有人在。寿则多辱，更令人震惊：一味地长寿，渐渐落在时代后面，智力体力渐渐不支，同辈人尽数离去，有谁还能了解你帮助你？而种种猛人们迫不及待、信口开河、指手画脚、评头论足……不一而足，你不受欺负误解才怪了。前些日子闹哄一些老文人做过对不起聂绀弩的事的时候，就已经有寿则多辱之叹了。太寿了，你在久远以前办的事、说的话、写的文章，为年轻人所不取，与社会与时尚渐不相容，你无意中变成了老古董老怪物，这样的例子也不需举。

至少，长寿高龄之人的生理机能是在走下坡路，他或她在人世间不会日益觉得狼狈、尴尬、晦气吗？却原来，长寿也有沉重的另一面，年轻人哪里体会得到？

也有人喜欢逆向思维，说是多辱则寿，有理，太娇气的人寿不了。多事则富，或多惧则儿孙满堂，也都有可能。

封人曰：『始也我以女为圣人邪，今然君子也。天生万民，必授之职。多男子而授之职，则何惧之有？富而使人分之，则何事之有？夫圣人，鹑居而鷇食，鸟行而无彰。天下有道，则与物皆昌；天下无道，则修德就闲。千岁厌世，去而上仙，乘彼白云，至于帝乡。三患莫至，身常无殃，则何辱之有？』

封人去之，尧随之曰：『请问。』封人曰：『退已！』

守护华地的人说：『开始我以为你是圣人呢，现在看也就是个谦谦君子罢了。天生万民，必定有每个人的事做。多子多孙，只要各有其职其差事，各干各的活计，有什么负担的？财富多，大家分享，又有什么麻烦呢？一个圣人，像鸟类一样居无定所，不一定要找设定的食物，飞过去连痕迹也不会留下。圣人有了这样的超越与解脱，还怕什么呢？天下有道，干脆与大家一起过好日子。天下无道，自己躲到一边修养身心德性，闲处无虑无事。活到一千岁了，对这个世界也就不再恋栈了，飘然仙去，乘着白云离开，升华到上帝的领域。病老死三种忧患不会再来，灾殃祸事也再降不到他的身上，哪里还能有什么欺负侮辱呢？』

守护华地的人说完就走了，尧追赶着他，说：『我还要请教您呀……』这人说：『算了吧。』

庄子最喜欢讲说发挥的就是超越解脱这几个字。只要能超脱，就永远不败，永远无忧无虑，无咎无求，无成心无挂碍，

无怒无悲。其实尧讲的多男子则多惧，富则多事，寿则多辱，几句话够深刻的，颇有道行了。但有这么多忧虑提防的人，最多是个谦谦君子。庄子是个喜欢拔精神的份儿的人，他设定一个高明的说法，再设计一个更高更玄的超过它，你接连赞服两遭，从五体投地变成五体一再、加倍、倍加投地，绝啦。其实，没有几个人能够做到他所描写的『乘彼白云，至于帝乡』的境界。

这个所谓的华之封人，其理论也有强词夺理之处。多子多孙就一定各有其职？现在明明就有失业嘛。有人就有职的说法，倒是让人想起毛主席所讲的不但要看到人口，更要看到人手的虽然雄辩其实并不那么确切的说法，这影响了新中国的人口政策，使得后来中国必须实行严厉的计划生育政策，不知毛主席的不妥当的说法是不是受了庄子的影响。

封人讲得虽然高妙，是不是一定比这里所说的唐尧更高明？我看未必。从这一段的叙述来看，唐尧与华之封人的谈话更像是设定了正方与反方的大学生辩论，如生命在于运动还是在于静止，其实两方都有理，就看你怎么样去理解，怎么样去结合实际了。

四　德衰刑立乱始，庄子的警钟长鸣

尧治天下，伯成子高立为诸侯。尧授舜，舜授禹，伯成子高辞为诸侯而耕。禹往见之，则耕在野。禹趋就下风，立而问焉，曰：『昔尧治天下，吾子立为诸侯。尧授舜，舜授予，而吾子辞为诸侯而耕。敢问其故何也？』

子高曰：『昔者尧治天下，不赏而民劝，不罚而民畏。今子赏罚而民且不仁，德自此衰，刑自此立，后世之乱自

此始矣！夫子阖行邪？无落吾事！』俋俋乎耕而不顾。

尧掌管天下之时，伯成子高被封为诸侯。尧的位子传给了舜，舜又传给了夏禹，伯成子高辞官还乡务农。禹去看望他，他正在田间耕作。禹客客气气地站到了下风头，站立着借问说：『往昔时分，尧掌管天下，传给舜，后来舜传给我，您老辞官回乡务农。请问您这是为什么呢？』

子高说：『过去尧管事的时候，不用奖赏而能动员百姓，不用惩罚而能使民人有所畏服。现今您不断地赏呀罚呀的，而老百姓麻木不仁，德行的作用从而衰减，刑罚的规定与实施，从而开始搞起来了，后世的混乱将从您这儿开端。您老忙您的去吧，我有我的农事正忙呢。』说完，低头干活，不再搭理禹。

先秦诸子几乎都相信古代比后代好，古代的治理国家很简单，大家凭本能本性干该干的事，不干不该干的事儿，不就齐啦？理想的是无为而无不为，少管不管，而民人自然走正路，行正道，天下有道，安定和谐。他们相信朴素简单才是为政的正道，朴素简单才是最高的德性。这样的观念可能不利于发展创新，但自有它的可贵之处。

道高一尺，魔高一丈：治国理政，越来越精细、复杂、完备、高明了，而另一方面，各种智谋在发展，不满也在发展的老百姓，越来越看清看透你的治国理政方术了，各种革命的理论，颠覆的理论，批判、造反、对抗的理念与操作设想也都在飞速发展完善。治国理政越来越精，越来越难，这样的趋势早在两千多年前已经被老庄等人看出，但是他们没有看到这样发展的必然性、不可避免性，他们的药方是回到远古，是废弃治国理政的概念与一切研究，是走向有中华古典特色的有政府无作为主义，这很有趣，也很可叹。

五　回到泰初，回到本原，这个世界要不要重新格式化一次

泰初有无，无有无名。一之所起，有一而未形。物得以生，谓之德。未形者有分，且然无间，谓之命。留动而生物，物成生理，谓之形。形体保神，各有仪则，谓之性。

世界的起源状态可以称作无，没有万物的存在也没有关于万物的名称、概念、观念。这时开始有了一，有了世界的统一性、混沌性，叫做道生一。这时有了一的道性却还没有具体的形状、形体、形式。而由于道的伟大功能，即德，万物生出、出现了。虽然还没有固定的形体，已经有了一分为二（如阴阳、天地、生死等等）的趋势，而且这划分为二的两个方面互相依存、互相转化、互相信赖，谁也离不开谁，这就成了命：生命、宿命、命运、命相……有存留又有运动变迁，便使万物出现、出生，万物各有各的章法理路，这就是万物的形态了。形体保有着精神，各有仪态、规矩、章法、秩序，叫做性：个性、本性、天性。

讲到世界的起源这一类终端问题，只能抽象，不能具体，然而已经提供了发挥与想象的空间，而且相当合情合理。从无开始，从零开始，当然。经过无穷大的积累，有了一，有了存在，有了无的对立面，精彩。无中可以生出有来，无本身就是从有的结束毁灭中产生出来的。某种意义上说，无已经是有，是有的一种状态，就像零也是数字一样。否则，只有连无也无才对。无无，会不会成为有呢？无有也就无名，无了名就不但没有存在也没有名称，没有称谓，没有说法，没有语言与思维。没有语言、称谓与思维，就绝对地没有精神了吗？这仍然说不清。因为正如无之后会产生一一样，无之前就没有一吗？就没有过智能与物质的存在吗？前无正如前现代，前现代是古代，前无，是无之前的有，这才合

理。后无是无以后的变易，是一的出现。好的，我们只能讨论这一个无之后的叫做此一轮回了。无中生有，有中生一，一有分而无间，有分就是一分为二，无间就是合二而一，一而二，二而一，这也是共同规律。然后是留存、运动、物象、生发、理法、仪章、律则……天下从此多事。

性修反德，德至同于初。同乃虚，虚乃大。合喙鸣，喙鸣合，与天地为合。其合缗缗，若愚若昏，是谓玄德，同乎大顺。

经过自性的修养，人们能返回到道的功能——德上去，返回到最初的起源时期的自然状态，认同这原有的无、有、道、德。能认同本初，能回到本初，就虚冲空阔了，虚冲空阔了也就宏大宽广了。如此这般，万民汇融，同声同息，不但万民趋同，民人与天地也趋同合一。以最最朴素的方式整合为一，表面上看就像愚傻糊涂一般，这才是最根本最玄妙的德性，才能互相认同，互相随和顺应。

这种治理天下的思路颇像今天的修理或管理电脑，不管你输入了什么软件与数据，先给你们全部格式化，都回到最最原初的空无状态，你们自然也就有了最大的内存，最大的一致。这么说，庄子又不完全是那样地前现代、反现代了。

夫子问于老聃曰：『有人治道若相放，可不可，然不然。辩者有言曰：「离坚白，若县宇。」若是则可谓圣人乎？』老聃曰：『是胥易技系，劳形怵心者也。执留之狗成思，猿狙之便自山林来。』

孔子向老聃请教说：『有人钻研讲解大道却又像是专门与人众抬杠似的，把人们不能认同的观念说成是可以首肯的，把并非如此的说成是如此这般的。善辩之人还说什么要区别石头的坚硬和洁白，使之像高悬于天上那样清明（言之凿凿，听者昏昏）。这样的人可以称作圣人吗？』老聃说：『这只不过是案头小吏那样为雕虫小技所拘束，徒然地

劳累身体，而又患得患失，一无所成的小打小闹罢了。又像是猎狗因善猎而被锁住，失去了自由的狗不能跑不能闹，也就那样地成了「思想者」了。猿猴呢，则因为行止灵便而被人从山林里捉出来了。』

借老子之名，《庄子》再次贬低公孙龙式的名家，认为他们是雕虫小技，是为小小技艺所囿，是见树木不见森林，是坐井观天，夏虫语冰。中国式的治学风格，好大喜玄，好深喜渊，宁可乘大樽而浮于江湖，绝对不低下头来抠哧细节。分析坚与白、质与色的异同也罢，捕猎活物也罢，善于攀缘行走也罢，都被庄子一百个瞧不起。宁做废人，不做末匠。唉，思想思想，哲学哲学，你造就了天才大师，也造就了多少空谈纨绔啊。

『若相放』，研习大道走了专门抬杠的路子，此说甚平实，这也是知识分子的习气之一种。问题在于抬杠与抬杠是不一样的，要说抬杠，老庄真真够得上『杠头』，但是他们的抬杠比公孙龙式的离坚白内涵丰富多了。看来杠头不杠头只是风格，内涵如何才决定一个学说的价值。

『丘，予告若，而所不能闻与而所不能言。凡有首有趾、无心无耳者众，有形者与无形无状而皆存者尽无。其动止也，其死生也，其废起也，此又非其所以也。有治在人。忘乎物，忘乎天，其名为忘己。忘己之人，是之谓入于天。』

『丘啊，让我给你讲一讲那些你从未听说过也从未谈论过的事理吧。人啊，有头有脚，但是没有耳朵没有心思（没有获得信息，没有自己的见识）的愚众是很多的；自身有形体，却能与没有形体没有状态的大道同在同行的活人，却几乎是没有。他们的运动与停止，他们的死亡与生存，他们的灭亡与兴盛，这六种情况全都出于自然，而不可能探知其所以然，不可能弄清它们的变化的依据与原委，也不可能由自身来策划推动。难道当真可以治理人们的动止、死生、

废起吗？那样的话，首要在于忘掉外物，忘掉天地，这从根本上说叫忘己。忘掉自己的人，也就可以说是与天地融为一体了。』

古人认为心之官则思，因此有头有足，无心无耳，就是只有身体没有心思与信息的意思。第一层次，人不但应该有头有足，而且应该有心有耳。第二个层次呢，人是有形的，道是无形的，有形之人如何与无形之道融合无间呢？这话在理，无形意味着高度的概括与抽象，而俗众之缺陷，常常在于缺少这样的概括力、想象力、领悟力，谁能将具体的东西看成抽象，谁能从抽象的东西中看出具体、看出生活、觉察出现实来，谁就有得道的希望了。

忘掉自身的核心，是将人事、人心、人情、人欲减少到最低限度。一个人连自身的动静、生死、兴灭都搞不清，他又能治理谁呢？一心励精求治的结果，只能是政事烦琐苛细，扰民乱世，干预多，惩罚多，树敌多，逆反心理多，画虎类犬，画蛇添足，适得其反，求治反乱。这些话不能说没有英明过人之处，可惜的是，老庄总是只讲这一面理，而陷于主观乌托邦。这在客观上接近于提倡无政府主义，而无政府主义之行不通是不需要论证的了。

忘掉了自己，就能入于天，就能与天地相通了，那么说，一己，是人与天交通的主要障碍。破私立天，古已有之，看来三四十年前破私立公口号的提出，也有历史渊源。

六　儒家的说教是螳臂当车

将闾葂见季彻曰：『鲁君谓葂也曰：「请受教。」辞不获命。既已告矣，未知中否。请尝荐之。吾谓鲁君曰：「必服恭俭，拔出公忠之属而无阿私，民孰敢不辑！」』季彻局局然笑曰：『若夫子之言，于帝王之德，犹螳螂之怒臂以当车轶，则必不胜任矣！且若是，则其自为处危，其观台多物，将往投迹者众。』

将闾葂拜见季彻说：『鲁国国君对我说：「请给我以指教。」我一再推辞，可是鲁君却不答应。我只好给他说了一点，不知道说得准确不准确，让我试着给你说一下。我对鲁国国君说：「你必须自己先做到谦恭虔敬、节俭朴素，选拔从事政务而没有阿谀奉承的大公无私的忠实之人，不要有什么偏私，这样百姓谁敢不服！」』季彻听了屈身大笑，他说：『这些话，对于帝王的追求与原则来说，恐怕就像是螳螂抬起臂膀去阻挡车轮一般，必然不能胜任，不起作用。如果他真像你说的那样做了，反而会使自己处于显眼的高位，就像建造了招揽游客的城楼和亭台，吸引众多的视线，拥向那里的各色人等也必然众多。』

老庄都有一个论点，将儒家的以德治国视为作秀、徒劳、吸引眼球、扰民、自找麻烦。这里提到的帝王之德，实际上应是御民为先，权力为轴，以杀戮为对付威胁的主要手段。将闾葂却大讲什么恭俭公忠，纯粹是螳臂当车。这话实在不客气，也实在透露了几分残酷与丑陋的真实。

螳臂当车的形象悲壮而又滑稽，我们现在的人只知道此故事中的不自量力的漫画含义，已经忘却了它的深刻与悲凉。莫非我们的智力低于庄子时代？个中的酸甜苦咸辣，够书呆子们哭一鼻子的。什么是螳臂当车呢？给封建君王讲温良恭俭让就是，怪不得毛主席早在《湖南农民运动考察报告》中就批上这些儒家的德性说法了。

太有德了，则其自为处危，此话入木三分，针针见血。以道德家的面目出现在朝廷官场，必然暴露出你的大志，即野心，如果是功高会震主，那么德高就更是假仁假义地陷主公于不利地位，不但是螳臂当车，而且是另有用心，自

取灭亡，死有余辜！想一想古今中外的人物与事例吧。你还不明白吗？朽木不可雕也。呜呼，痛哉！

将闾葂覤覤然惊曰：『葂也汒若于夫子之所言矣！虽然，愿先生之言其风也。』季彻曰：『大圣之治天下也，摇荡民心，使之成教易俗，举灭其贼心而皆进其独志。若性之自为，而民不知其所由然。若然者，岂兄尧、舜之教民溟涬然弟之哉？欲同乎德而心居矣！』

将闾葂怔怔地说：『我有点糊涂，不太明白先生的话。虽然如此，还是希望先生略讲一二。』季彻说：『伟大圣人治理天下，放任民人心性，让他们自由自在，自自然然地成就了他们的教化，改变了他们的不好的风习，消除了他们的不轨之心、伤害之心，而使之能够在志趣上、境界上有所进展。这一切都是通过他们的本性自然完成的，他们应该感觉不到是圣人做了工作要他们这样。像这样，难道还用得着尊崇尧舜对人民教化的条条杠杠，人云亦云地跟随着他们行事吗？只要能符合天性道性，符合德的原则，也就胸有成竹了啊！』

这里的关于公共管理（public administration）的观点举世无双。按这里的说法，管理政务，不可主题先行，不可有什么路线图，不可以价值挂帅，立法定则，不可以举起任何意识形态的旗帜。因为只要是有了上述的这些东西，就会增加纷争，产生歧义，出现伪饰，引起事端，没事找事，徒然添乱。例如此位将闾葂先生给鲁君讲了要恭俭，要公忠，不要阿与私。这听起来很好，但你一制定与输入这样的观念这样的标准，马上会带来歧义。一位大臣直言，如果说这是公忠，即他是出以公心，忠于君王；那么另一方面，也会被指责为不够恭俭，即他这是犯上作乱，膨胀扩张。再如另一位臣子，专门顺着国君的话讲，要什么有什么，他这是公忠，还是阿私？一位武将，轻举妄动，打了败仗，引来亡国之祸，还能算公忠吗？另一位武将，在敌强我弱极其不利的情况下打算接受敌方提出的议和条件，这是卖国还是救国？还有种种豪言壮语，有时能振奋民气，唤起抗争，有时同样的豪言壮语又变成了大言欺世，空谈误国……古今中外，这样的争论还少么？

什么都不干，这当然是乌托邦，但是老庄设想，不要有什么成心，不要有什么主题，不要急着定规则定目标，一切照百姓的心愿、性情、天生的取舍要求来办，如内篇《应帝王》中所说的，连鸟都知道要高飞，鼠都知道要深藏来避祸，民人有什么不知道的？让他们按照自己的天性、自己的愿望趋利避害，自然天下太平，天下大治。而一切人为的治理，反而会成为庸人自扰，成为自乱阵脚。此话至少有部分的真理性。

从这个观点来看，可以理解市场经济优于计划经济的地方。但整个说来，难于操作。用来讲为政，不无只讲一面理的毛病，但用来谈为文从艺或体育赛事，倒会给人以别样的启发。

写作人常有这样的经验，用力太过，主题先行，搜索枯肠，殚精竭虑，往往反而不能保证一篇作品的成功，而兴之所至，心之所感，手之所挥，言之所涌，反而精彩纷呈，这叫做有意种花花不活，无心插柳柳成荫。艺术品也是这样，从长远来看，好画好曲好戏的形成并非偶然，但是具体地说，一挥而就的东西，无心而作的东西，有时候比苦心孤诣、千锤百炼之作还浑如天成，无懈可击，则完全可能。所以说，文章本天成，妙手偶得之。还有，主题思想极其明确直白的作品，有时候还不如若有所感，若有所思，若有含义，一时又说不清楚的道法自然之作。体育比赛也是如此，没有基础，没有训练，没有目标固然不行，太斤斤于名次锦标，急于求成求赢，往往也会带来过多的负担、过多的失常，

发挥不出最好的水准来。许多名家输在初出茅庐的小将手中，原因即在此。

佛家的说法叫做随缘，老百姓的说法叫做到哪儿说哪儿。这虽然只是事物的一个方面，计划、目标、原则不可能没有，但随缘、到哪儿说哪儿的情势，也要有所理解、心领神会。

再有就是反对教条主义，不唯书，不唯上，只唯实，这也是《庄子》此章的有意味的教训。

摇荡民心的说法相当罕见。先贤将之释为鼓舞人心，似乎与庄子的无为主张、忘己主张不合。解释为放任，也或有勉强处。但无论如何这是一种动态，应有尊重民人的摇荡、变易、自然趋向之意。录以备考。

七　正因为大道太高明了，便也能令人走火入魔

子贡南游于楚，反于晋，过汉阴，见一丈人方将为圃畦，凿隧而入井，抱瓮而出灌，搰搰然用力甚多而见功寡。子贡曰：『有械于此，一日浸百畦，用力甚寡而见功多，夫子不欲乎？』为圃者仰而视之曰：『奈何？』曰：『凿木为机，后重前轻，挈水若抽，数如泆汤，其名为槔。』为圃者忿然作色而笑曰：『吾闻之吾师，有机械者必有机事，有机事者必有机心。机心存于胸中则纯白不备。纯白不备则神生不定。神生不定者，道之所不载也。吾非不知，羞而不为也。』

子贡来到南方的楚（两湖）地，又要折回晋（山西）地，经过汉阴（汉水南面），见到一位老头儿在那里一畦畦地种菜，他挖了一个地下通道到井边，用瓮取水，抱着瓮回来浇菜地，吭哧吭哧地挺费力气而功效有限。子贡说：『有一种机械设备，一天能浇上百畦的菜，用力很少，效率很好，你老不想用吗？』种菜人抬头看了他一下，问道：『怎么个做法呢？』

子贡说：『我们用木材加工，安装成为一种杠杆，这个杠杆一头重一头轻，你用轻的那一头取水，用重的那一头操作，取水就像抽取一样，哗啦哗啦地浇水，就像煮汤沸了汤水四溢一样，这种机械呢，名叫槔。』种菜人气愤地冷笑，他说：『我的老师教导过我，用机械的人必有机巧拐弯之行事，而有机巧拐弯之行事的人也就有了机巧拐弯的心术。有了机巧拐弯的心术，他的心灵就不纯洁不干净了。心灵不纯洁不干净的人，他的神魂也是不安稳的。而一个神魂不安稳的人，是得不到大道的指引护佑的。像你说的那种杠杆，我不是不知道，我是羞于做这种不合大道的事，所以我放弃了这种所谓的效率。』

有趣的寓言，中国的古圣先贤怎么会冒这样可爱而且是相当深邃的傻气？而傻得又如此崇高？也许还有超前。目前发达国家的一些思想家已经对一味地求发展（生产力）提出了严重的质疑。当然，远远尚未发展起来的中国，目前只能强调发展是硬道理。

泛道德论，唯道论，都是搞小道理服从大道理的，我们的汉字文化从来是尊大抑小的，是通盘考虑，注重整体性思维，而忽视具体，忽视个案，绝对不搞头痛医头，脚痛医脚。《论语》中讲的『群居终日，言不及义，好行小惠，难矣哉』（《卫灵公》），与庄子此段的含义一致。从今人的眼光来看，纯朴的心灵与巧妙的生产生活用具之间并不存在矛盾，但是从古人看来，如果一种工具的开发利用影响了大道，影响了根本，则宁可不要效率，不要利益，不要经济学也不要科技，只要大道。看来，饿死事小，失节事大（这里则是累死事小，失道事大），宁要社会主义的低指标（指粮食定量）不要资本主义的高指标之类的思想方法，也是源远流长。『文革』当中的『五七干校』工作经验中竟然有真正

的事例，即为了锻炼思想品质，有好路不走，推小车专挑难走的路。丈人之风，山高水长乎！

我们也不妨想一想，虽然从经济学、劳动学、生产技术的角度来看，种菜丈人的说法荒谬绝伦，但以一个文学的角度来看，则老头儿不无可爱之处。正像个人有怀旧情结一样，人类、族群也会怀旧的，时过境迁，反而觉得过往的岁月，较少的人口，较简单的生产生活方式，较简单的人际关系，非常美好，这不是不可能的。例如李杭育的小说《最后一个渔佬儿》，就描写一个面对着家乡的机械化现代化前景，而充满失落感的用最原始的方式捕鱼为生的老头儿的怅惘。

当然，《庄子》贴近的是文学与哲学，是故事与想象的美丽，而不是经济效益，不是社会发展，更不可能是现代化，而我们现在是在风是风火是火地奔现代化。

奔小康、奔现代化的同时，回味一下简单朴素的生活方式，或者在休假当中脱离开城市、电脑、家电的包围，去到乡村露营，住帐篷，爬树摘野果，下水摸鱼……倒也有点享受丈人之乐、丈人之道的意思。所以我一再说，老庄不能当饭吃，但是可以当茶喝，当清火消炎药或者当仙丹服用。

子贡瞒然惭，俯而不对。有间，为圃者曰：「子奚为者邪？」曰：「孔丘之徒也。」为圃者曰：「子非夫博学以拟圣，於于以盖众，独弦哀歌以卖名声于天下者乎？汝方将忘汝神气，堕汝形骸，而庶几乎！而身之不能治，而何暇治天下乎！子往矣，无乏吾事。」

子贡讪讪地无话可说，颇觉惭愧，低头不语。过了一小会儿，种菜人问：「你是干什么的呢？」答：「我是孔子

的门徒。」种菜人说：「您原来就是靠博学来模仿圣贤，以「拔份儿」（注，指出风头）来盖百姓一头，酸溜溜地独唱哀歌来宣扬自身的伟大与不遇的那种人吧？你要是能开始忘掉你的神气，放下你的外表身段，也许会情况好一点吧？唉，你们这些人呀，连自己都管不好，还有工夫去治理天下吗？你去吧，别耽误我的事儿啦。」

此段精彩之处在于种菜人对于自命精英、急于用世者的嘲笑，这些急于用世者，急于出人头地的人，不过是靠博学靠死知识来模仿圣人。一个「拟圣」说得何等刻薄！他们吹嘘（古人叫做华诬）拔份儿，还老想着压群众一头。「独弦哀歌以卖名声」，这几句话也是精当准确，入木三分。他们自以为有多么了不起的使命，以天下为己任，却又不得其门而入，最后空谈一场，恓恓惶惶，成为一事无成的孔氏门徒，在今天则应该叫做自命「有机知识分子」。唐玄宗诗曰：「夫子何为者？栖栖一代中……谈凤嗟身否，伤麟怨道穷。」李零教授则干脆称孔子为丧家狗。呜呼，这几句话说得有透辟之处，也有损德过分之处了。

子贡卑陬失色，顼顼然不自得，行三十里而后愈。其弟子曰：「向之人何为者邪？夫子何故见之变容失色，终日不自反邪？」曰：「始吾以为天下一人耳，不知复有夫人也。吾闻之夫子：事求可，功求成，用力少，见功多者，圣人之道。今徒不然。执道者德全，德全者形全，形全者神全。神全者，圣人之道也。托生与民并行而不知其所之，汒乎淳备哉！功利机巧必忘夫人之心。若夫人者，非其志不之，非其心不为。虽以天下誉之，得其所谓，謷然不顾；以天下非之，失其所谓，傥然不受。天下之非誉无益损焉，是谓全德之人哉！我之谓风波之民。」

子贡很受打击，变颜变色，抬不起头来，走了三十里地以后才恢复正常。他的学生问道：「刚才遇见的是个什么

人啊？先生怎么从他那儿出来神色都变了，一整天恢复不过来呢？』子贡说：『过去我只知道孔子一个人，只听过他的一种教导，不知道世上还有不同的人，还有别的声音。我从孔子那边得知的是，做事情就要能够被认可，做工作就要能够做成，用力要少，成绩要大，才是圣人之道，结果今天才知道未必。看来问题不在于事功，而在于大道，保持大道的人德性才完备，德性完备了形体才能周全，形体周全了精神才能圆满。做到精神的圆满，才是真正的圣人之道。他们寄身于世，与众同行，却无意一定要到什么地方去，他们没有自己的固定的目的。他们的内心渊深，德行淳朴，却又什么也不缺，而对于功利机巧的讲究早已被丢在一边。那样的人，不符合自己的志趣，就哪儿也不去；不是自己的心愿，任何事也就不干。即使天下人齐声颂扬，又能夸到点子上，他也清高而无所在意；即使天下人都说他不好，非议完全不合事实情理，他也无所谓，全然不受影响。别人说好说坏，对于他既不能增添什么也不能损伤什么，这才叫德行完满啊！而我这样的，只能算作心神不定为风波所摇荡起伏之人呀。』

从对于功利机巧的否定上，跳跃到人与外物的关系上来了。《庄子》强调的是个人的主体性、坚持性、稳定性，嘲笑的是风波之民，是随波逐流、随风飘摇之徒。也太难了，尤其是风急浪大之时，能够稳得住自己，可不是易事啊。多读几遍《庄子》吧，好处太大了。

反于鲁，以告孔子。孔子曰：『彼假修浑沌氏之术者也。识其一，不识其二；治其内，而不治其外。夫明白入素，无为复朴，体性抱神，以游世俗之间者，汝将固惊邪？且浑沌氏之术，予与汝何足以识之哉！』

回到鲁国，子贡把情况说给孔子。孔子说：『那是研修实践浑沌氏的道术的人。他们知其一不知其二；他们在意内心世界的完满，却不介意与外部世界的和谐。他们是那样地光明白净，素朴纯洁，清静无为，返朴归真，体悟人性，保持精神，他们优游自得地生活游荡在人世俗世之中，你怎么会不为他们的风格而感到惊异呢？况且浑沌氏的主张和修养方法，我和你又能够深入了解几许呢？』

知其一不知其二，今天说起来似指一个人认知太片面太简单，有贬义，那个时候《庄子》外篇上的说法却可能是褒奖，只知其一，拒绝其二，这才叫精神的坚守，这才叫对于世俗的抵抗。而又没有今天的人讲到坚守与抵抗时的那种浮躁与夸张，他们仍然是悠哉游哉，与世俗同行而进于超拔、纯朴、光明、素洁……令人惊异。不知道为什么后人远没有庄子的才华，比庄子不知道要鄙陋多少，却要对世俗作绝不容忍、血战到底……状。妙哉！

谆芒将东之大壑，适遇苑风于东海之滨。苑风曰：『子将奚之？』曰：『将之大壑。』曰：『奚为焉？』曰：『夫大壑之为物也，注焉而不满，酌焉而不竭。吾将游焉！』苑风曰：『夫子无意于横目之民乎？愿闻圣治。』谆芒曰：『圣治乎？官施而不失其宜，拔举而不失其能，毕见其情事而行其所为，行言自为而天下化，手挠顾指，四方之民莫不俱至，此之谓圣治。』

谆芒往东边的大壑——大海那边去，正好在东海之滨遇到苑风。苑风问：『你打算去哪儿呢？』谆芒说：『打算去大壑。』苑风又问：『去干什么？』谆芒说：『大壑这个东西，江河往里流进去，它不会满溢，你舀取它多少，它也不会枯竭。我愿意到大壑游览一番。』苑风说：『那么，先生就不在意眼目横着长的人类的命运了吗？希望您也能说说圣人之治啊。』谆芒说：『圣人之治吗？官吏们施政举措都恰到好处，选拔人才而不会疏漏能人，让每个人都能

看清事情的情势，也就知道自己该做什么，自自然然地说话做事而教化天下，挥挥手看看四周，四方的百姓也就汇聚跟随了上来，这就叫圣人之治。』

多么美好的乌托邦，只要是圣人，只要是修身的功夫到了家，不靠学问不靠智谋不靠勤政不必费劲，自身的魅力无坚不摧，自身的形象无攻不破，自然而然的影响无处不在，挥挥手笑一笑，最多有时候摇摇头就天下大治。这也是举世少见的、是最早的也是奇异的公共管理学说和学派啊。

『愿闻德人。』曰：『德人者，居无思，行无虑，不藏是非美恶。四海之内共利之之谓悦，共给之之谓安。怊乎若婴儿之失其母也，傥乎若行而失其道也。财用有余而不知其所自来，饮食取足而不知其所从，此谓德人之容。』『愿闻神人。』曰：『上神乘光，与形灭亡，是谓照旷。致命尽情，天地乐而万事销亡，万物复情，此之谓混冥。』

苑风说：『希望再给我们讲讲有德之人。』谆芒说：『有德之人，住下来不必费心思谋，做起事来不必忧虑担心，心里不存有是非美丑之辨（绝对不是事儿事儿的）。对四海之内的众人都有利，他也就高兴，能使众人都能满足需要，自己也就安生。如果悲伤，那就像是婴儿失去了母亲一样真情而且简单；如果茫然，那就像是行路时迷失了方向一样具体而且明确（不是莫名其妙的伤感加自作聪明的糊涂）。财货富富有余却不知道自哪里来（绝不经营财货），饮食用物充足却不知道从哪儿出（仅仅自然而然，仅仅享用天饷），这就是有德之人的形象。』苑风说：『希望您老再说说神人。』谆芒说：『超拔在上的神人驾驭着光辉前行，灭亡掉——彻底遗忘掉自身与外物的形迹，这就叫普照时空。抵达生命的极致，穷尽人情的可能，与天地同乐，因而万事都自然消亡，万物也就自然回复到大道的本真情状，也就是混一模糊，也就是惚兮恍兮。』

『上神乘光，与形灭亡，是谓照旷……』，这最后几句话很美，押韵，有类催眠的作用。『致命尽情……万物复情，此之谓混溟』，甚至于像祈祷词。德人接近糊涂，最糊涂才最自然。神人接近崇拜与信仰，没有崇拜与信仰就永远达不到与神沟通的境界。沟通了以后，仍然是要混沌、糊涂。

仍然是庄子的特殊的心功：糊涂，忘却，混沌，融合，轻外物而重内心，无忧无虑，无心无物，无形无迹，到哪儿说哪儿，随遇而安，舒舒服服，说句不好听的话，与吃了可卡因药丸一样满足。达到这一步，你拔刀架在他脖子上，他没有感觉；你送给他一张三亿六千万元的中奖彩票，他没有笑容；你封他高官，他听不懂；你制造举世唾骂他的局面，他也听不见。庄子《庄子》，具有抗躁狂性、忧郁性感情与精神疾患的奇效。无怪乎拙作《庄子的享受》出版后，一位年轻的画家以之赠送给自己患病的师长，竟获得了很好的心理治疗效果。

虽然空想，似乎我国还真有过类似的人物，如被称作不战不和不守不死不降不走的清代两广总督叶名琛。他在鸦片战争中失守广州，不战不守，是因为战与守都是无效的，只能增加无意义的牺牲。而走也好和也好降也好，只能成为民族国家与朝廷的罪人。相传他被英国侵略军掠到印度后，保持尊严，绝食而死，这证明他有他的底线，他有他的主意。世人评曰：翻完二十四史，千载奇人难有。我还要说一句，翻完世界历史，中国以外没有，外国人打死他，也理解不了这样的人，这样的方式，这样的『道』。

门无鬼与赤张满稽观于武王之师，赤张满稽曰：『不及有虞氏乎！故离此患也。』门无鬼曰：『天下均治而有虞

氏治之邪？其乱而后治之与？』赤张满稽曰：『天下均治之为愿，而何计以有虞氏为！有虞氏之药疡也，秃而施髢，病而求医。孝子操药以修慈父，其色燋然，圣人羞之。至德之世，不尚贤，不使能，上如标枝，民如野鹿。端正而不知以为义，相爱而不知以为仁，实而不知以为忠，当而不知以为信，蠢动而相使不以为赐。是故行而无迹，事而无传。』

门无鬼和赤张满稽观看了周武王的军队，赤张满稽说：『赶不上虞舜的禅让好啊，所以人们要遭受这种（争夺权力的）祸患。』门无鬼说：『是天下太平时虞舜去治理的呢？还是乱局出现之后才有了虞舜的政绩呢？』赤张满稽说：『天下大治是人们的愿望，如果能够做到，又有什么需要让虞舜再来施政！有虞氏是在人们患了秃疮以后才去治疗，掉光了头发才给戴假发，有了病才急于找大夫。（没有做到预防在先啊。）这就好比孝子把药递送给生病的慈父服用，辛辛苦苦，脸色憔悴，圣人以此为羞。（你本来应该侍候好老爷子不让他生病嘛。）至德的世道，不崇尚贤人，不求用能者，君王像是树上的高枝，民众如同山中的野鹿。（他们各得其位，各有其道。）他们做事端正而不认为这是在讲究什么义，他们相爱不是由于社会上提倡什么仁啊爱心啊什么的，诚实不欺并不是由于受到忠字的规范，言行一致也不是为了守信，人们本能地活动，相互依赖，相互帮助，而不自以为谁对谁有什么赠与。这样，他们此类的行为并不留下事迹，他们的美好故事也就失传了。』

老庄在政治上的想象力太高太高，他们看出了万事万物相反相成的道理，天下不大乱，或没有大乱的种子，需要英明的政治家掌权人做什么？人不生病，需要华佗、扁鹊做什么？人人安居乐业，快乐逍遥，还研究新技术、发展生产力、完善社会结构干什么？没有犯上作乱的下属，领导人的威信有什么必要？没有愚蠢无知的痛苦，不便与妄为，还上什么学校办什么教育？就是说，老庄他们要求的是彻底地取消矛盾，取消一切危险，取消一切欲望，也就取消了欲望不满足带来的抱怨，取消一切是非讨论，也就取消了一切争执……他们不知道，有自然就有不自然，有大道就有违背失道、离经叛道，有人性就有某种程度上的反人性、恶人性，有正常就有失常，有健康就有病患，有风调雨顺就有洪涝灾害，有以德治国就有以暴易暴……人类就是这样走过来的。

如果我们把生命、善良和快乐看作正面的东西，那么就永远不会停止这些好东西与病患、危殆、恶毒、混乱与乖戾的拉锯战。老子和庄子想得是多么可爱，而人生又是多么地麻烦！

八 俗言常胜，至言难出，智者无奈矣

孝子不谀其亲，忠臣不谄其君，臣、子之盛也。亲之所言而然，所行而善，则世俗谓之不肖子；君之所言而然，所行而善，则世俗谓之不肖臣。而未知此其必然邪？

世俗之所谓然而然之，所谓善而善之，则不谓之道谀之人也！然则俗故严于亲而尊于君邪？谓己道人，则勃然作色；谓己谀人，则怫然作色。而终身道人也，终身谀人也，合譬饰辞聚众也，是终始本末不相坐。垂衣裳，设采色，动容貌，以媚一世，而不自谓道谀；与夫人之为徒，通是非，而不自谓众人，愚之至也。

孝子用不着阿谀他的父亲，忠臣用不着谄媚他的君主，这是人臣与人子品行高尚的恢宏气象。父亲说啥你赶紧说啥是对的，父亲干啥你就赶紧说啥好，这就是世俗所说的不肖——不像样不合格的儿子。君王说啥你赶紧说啥对，君王干啥就赶紧说啥好，这也是世俗所说的不肖之臣——不像样不合格之臣。那么，你能确定这样的事情与认知到底是

不是必然与确定无疑的呢？

同样的道理，请看世俗认为应该如何如何，你也就认为应该如何如何，世俗叫好的你也就赶紧叫好，人们为什么不说你是阿谀奉承、谄媚无耻之人呢？莫非是世俗害人比老爹更威严，比君王更尊贵？如果人家说你是跟风之徒，你立马生气变了脸色；说你是溜须拍马之人，也一定会不快而耷拉下脸来。可为什么不想一想，人们常常是一辈子都在那儿人云亦云，一辈子在那儿巴结强势，还要花言巧语招揽人众，却照样人五人六，不露马脚。这样的人衣帽堂堂，穿着华丽，巧言令色，讨好逢迎公关，却意识不到自己是在无耻谄媚；与世俗之人同流合污，是非好恶趋同，却还以为自己高于人众，真是愚蠢已极啦。

自从《生命中不可承受之轻》介绍过来以后，『媚俗』一词在咱们这里也是大行其道，虽然咱们这里的理解与原意恰恰相反。米兰·昆德拉讲的是『刻奇』——kitsch，是自媚与自恋，是装腔作势，酸溜溜地作精英状。我们批的则恰恰是老百姓的世俗。倒是远在数千年前，庄子描写的媚俗者很生动精辟。自己本来俗不可耐，利欲熏心，却又装模作样，酸溜溜地拔份儿。这样的人呼之欲出。

逻辑上出人意表。谄媚爸爸不好，拍马君王也不好，那么谄媚世俗呢？却原来，世俗比爸爸与君王还厉害。俗能杀人，俗能专制，俗能使人众白痴化，俗而不露痕迹，无罪无咎，俗而一味地装雅媚雅（北京话叫做装孙子），庄子看得好透彻呀。

这两段写得很具体而且带情绪，不知道是不是庄子或此处托名为庄的人，有什么具体目标没有，多半是有的，这样的嘴脸，被庄子刻画一番，不亦快哉！

知其愚者，非大愚也；知其惑者，非大惑也。大惑者，终身不解；大愚者，终身不灵。三人行而一人惑，所适者，犹可致也，惑者少也；二人惑，则劳而不至，惑者胜也。而今也以天下惑，予虽有祈向，不可得也。不亦悲乎！

知道自己犯傻的不算太傻，知道自己看不准拿不稳的不算太糊涂。真正的愚痴糊涂是一辈子也明白不过来的。三人同行，有一个人糊涂，也许人们还可以走到自己想去的地方，因为糊涂人是少数；两个人犯傻，就不好办了，因为糊涂人成多数了。如今这世道，整个天下都糊涂啦，我虽然有点见解，有点救世的用心，照样起不了作用。太可悲了！

庄子居然早就对于多数少数问题有所思考，他提出了多数的愚蠢的可能性，客观上通向多数的暴政的可能性，多数与智商并非成正比的问题，这里有点易卜生主义的味道。他抨击对于多数的迷信，也有尼采的光彩，尼采曾经宣布：『我是太阳。』

大声不入于里耳，折杨、皇荂，则嗑然而笑。是故高言不止于众人之心；至言不出，俗言胜也。以二缶钟（或作二垂踵）惑，而所适不得矣。而今也以天下惑，予虽有祈向，其庸可得邪！知其不可得也而强之，又一惑也！故莫若释之而不推。不推，谁其比忧！厉之人，夜半生其子，遽取火而视之，汲汲然唯恐其似己也。

宏大的音乐对于市井里弄之人来说并不入耳，而折杨、皇荂一类流行小调，人们听了就能咯咯地笑起来。所以说真正高超的言论不能在人众心中留下位置，至理名言也不能流传广远，倒是俚俗的说法热热络络。把两个瓦罐一个铜钟放在一起敲打，钟声就被干扰，听不到理想的乐声了。如今糊里糊涂者是以普天下计的，我虽然有观点有愿望，又怎么能达到目的呢！明知其不可还要强使劲，这不也是一大糊涂吗？算了吧。不要妄想去推行推广了，放弃了对于大

道真理的推行，也就没有谁与你一道发愁了！丑八怪半夜里生个孩子，急忙取火烛来照映，诚惶诚恐，唯恐孩子长得像自己。这又有什么用呢？随他便不是更好吗？

一上来讲最好的音乐并不如通俗小曲，易于被人众接受，令人想起毛泽东《在延安文艺座谈会上的讲话》中讲到的『阳春白雪』与『下里巴人』的关系问题。毛针对的是从上海亭子间来到解放区的文学人，他鼓励他们与群众结合，而不要自命不凡。但毛主席在他的晚年，也常常讲到真理可能是掌握在少数人手里，这是讲他自己，他晚年所主张的某些『继续革命』的理论，难于为大多数同志所接受。

这里的庄子，与老子的和光同尘说、知白守黑说有点不同，他实际上承认了自己的特立独行与独树一帜。他认为他是那个三人行中的唯一识路者，是被两个瓦罐扰乱了的那个铜钟。他还不无怨忿地大讲又一惑也。与世俗对着干，岂不是糊涂上加了糊涂！讲起这些问题来，此处的所谓庄子，有几分气儿。

丑人怕孩子丑的说法极具黑色幽默色彩，自己已经丑八怪了，只好认命，还管到孩子后代那边去，岂非更加自寻烦恼？人的烦恼有相当一部分是由于管得太宽，操心过度。庄子发完牢骚再自我安慰，美就美，丑就丑，糊涂就糊涂，明白就明白，明白人帮不了糊涂虫，糊涂虫也灭不了明白人，丑人变不成美女，更管不了孩子长成什么模样，也就不劳操心选美活动的进展。明白人打不开糊涂人的脑筋，也就不必关心人众的智力开发，如此而已，岂有他哉。

九　失性论，对于所谓成功者的警示

百年之木，破为牺尊，青黄而文之，其断在沟中。比牺尊于沟中之断，则美恶有间矣，其于失性一也。跖与曾、史，行义有间矣，然其失性均也。

上百年的大树，劈而锯之，做成祭祀用的酒樽，以青黄色彩描画上花纹，淘汰无用的部分，扔弃到沟里去了。牺樽和被丢到沟中的断木相比，二者有美丑之别，然而在丧失树木本性这一点上，其实并无二致。那么盗跖与曾参、史䲡，以社会道德规范来衡量，他们之间是颇有差别的，然而在丧失人的本性上是相同的。

一个很好的童话题材。本来可以写一株大树的故事，一根完整的木头，一截做了牺樽，一截扔到了沟壑之中。扔入沟壑中的木头风吹日晒水泡，腐烂碾轧虫咬，变成了烂木屑，浮漂流去。而牺樽之木，经过切削、挖抠、刨磨、涂抹、钉凿，然后参与人类盛大、红火、庄严却也有时似是莫名其妙、愚蠢至极的典礼活动，盛装美酒琼浆，也可能是毒鸩血腥，回忆原野上或高山上或大河边的大树生活而再不可得。最后，也是变成了木屑，也只有变成了木屑之后才重新获得了自由……

那么怎么办呢？永远做一棵树？越长越大，只可遮阴酣睡？不觉得单调寂寞吗？如果截下一股做牺樽，有机会与闻人间世事之盛，如果另一股有机会尝一尝被抛弃的滋味与逍遥，如果它仍然保留着自己的根系、蓬松的树冠与繁茂的枝条，如果百年之木、青黄之牺樽与断木三者的经验都能得到，会不会更好？请问这三者一定是势不两立或者三足鼎立的吗？

且夫失性有五：一曰五色乱目，使目不明；二曰五声乱耳，使耳不聪；三曰五臭薰鼻，困惾中颡；四曰五味浊口，使口厉爽；五曰趣舍滑心，使性飞扬。此五者，皆生之害也。

再说所谓丧失本性包括了五个方面：一是五色扰乱了你的眼睛，使视力不明；二是五声扰乱了你的耳朵，使听觉不聪；三是五种气味熏坏了鼻子，弄得你脑浆子疼；四是五种味道污染口舌，使口腔与味觉受到伤害；五是因取舍得失惑乱了心境，使自己心性浮躁不安。这五方面都是对于生命的戕害。

克制欲望，减少有害信息，防止自身被外物迷惑、干扰、伤害，这是庄子不厌其详要宣扬的观点。在今天这个信息爆炸的时代，此文所言，不无教益。

而杨、墨乃始离跂自以为得，非吾所谓得也。夫得者困，可以为得乎？则鸠鸮之在于笼也，亦可以为得矣。且夫趣舍声色以柴其内，皮弁、鹬冠、搢笏、绅修以约其外。内支盈于柴栅，外重纆缴，睆睆然在纆缴之中，而自以为得，则是罪人交臂历指，而虎豹在于囊槛，亦可以为得矣！

而杨朱、墨翟一类人物专门想着标新立异、出人头地，自以为做到了这一步就大有所得了，这可不是我们所说的得道。有所获得的结果是作茧自缚，还算得上有所获得吗？那么，斑鸠与鸱鸮（猫头鹰）被关入笼子，是不是也可以称为得其所哉呢。况且，取舍、好恶、声色像烂柴禾一样地充塞于内心，又有皮帽子、翠羽、笏板、宽带之类的东西束缚于体外。内心为取舍声色杂念的栅栏所阻隔而不得通畅，外面又为绳索重重缠绕，在绳索缠绕中瞪着大眼睛，还在那儿洋洋得意，如果这也得意，那么犯了罪被反绑双臂，再用木棍把十指夹起来，还有虎豹被关到笼子里，也都可以洋洋得意了。

智者、辩者、说客、能人、高位者、成功者又何尝不是作茧自缚，丧失天性，变态异化，缘木求鱼，南辕北辙？人啊，

你们是太愚蠢啦。这样的事例不胜枚举，有几分沉痛在焉！

老王说：此一章精彩而又杂乱。概念推演，或嫌空泛，螳臂当车、华封三祝、拒用机械、牺樽断木、鸠鸮于笼等故事令人深思长考。仁义的说教于事无补。美好的祝愿带来的未必是真正的幸福。提高生产率的机事带来的是机诈之心。受到重用与受到抛弃其实是一回事。庄周向往着自由，却原来处处是丧失本性的陷阱，人成为人自身的对立面。分析来分析去，怎么给人以庄周举目皆套的感觉？孰能无过，孰能免祸？莫非我们只能悄悄地低下头来吗？

天道：难以用语言文字表达与传授的大道

大道之本之依据是天，是大自然。天之本质与本原是大道。以天为师，则通大道。以大道为师，则识天地万物，通晓与善处一切。有了这一而二二而一的天——道的把握与体悟，则一通百通，一顺百顺，实现天和天乐、人和人乐。然后无为有为，上下先后，主次本末，虚实静动，四时万民，无不各得其所，各得其性。这样在本章中，在思想的范围内，实现了太平至治的最佳境界。

同时在本章中，实现了与儒学的相当的妥协，庄子的齐物与逍遥，终于与儒学的秩序与伦理暂时实现了融合，距离庄子本义也就更远了些。

形象大于思想，故事大于抽象的概念推衍，精彩的仍然是轮扁论斲的极先锋、极超前的故事，是老子可马可牛的反正名故事，是士成绮的眼目冲然，太精明了不堪信赖的故事。

一　虚静恬淡，天道无积，天也乐来人也乐

天道运而无所积，故万物成；帝道运而无所积，故天下归；圣道运而无所积，故海内服。明于天，通于圣，六通四辟于帝王之德者，其自为也，昧然无不静者矣。圣人之静也，非曰静也善，故静也；万物无足以铙心者，故静也。水静则明烛须眉，平中准，大匠取法焉。水静犹明，而况精神！圣人之心静乎！天地之鉴也，万物之镜也。

天道——自然之道、先验之道，自然之规律与本质，非人力所发明、主张、干预之道，永远运行，不会发生积滞、阻碍，不长结石，不生毒瘤，所以万物出现、形成，乃成为各自身的样子；帝王之道的运行（取法天道），也不会发生积滞、疙瘩、堵塞，所以天下归顺于他；圣人之道的运行，同样也是顺顺当当的，所以四海之内都信服他。明白天道的运行，通晓圣人的大道，又能在上下四方四时随处随时都推行帝王之德的人，不较劲，不犯别扭，他的作为表面上看并不精明，有点糊涂、模糊，却无处不是呈现出宁静平稳的特点。圣人为什么能够做到宁静呢？不是说由于认识到或听说是宁静最好，就宁静起来了，关键在于外物不足以干扰他的内心。水静了，可以清楚地映出须眉，水面可以作为平度的标准，这正是大师大匠所要效法追求的。水宁静了就清明了，何况人的精神呢？圣人之心是宁静的，它们能映鉴天地，照应万物。

果然，中国的哲学强调恬静，直观地从水的反射作用上看到静的优越性。再有就是从专心、求学的角度谈静的好处，所谓『知止而后有定，定而后能静，静而后能安，安而后能虑，虑而后能得』（《大学》）。所谓心似平原走马，易放难收。还有，就是以静追求理性化，追求长远眼光，追求心理的最大健康与稳定，如诸葛亮所说的『非淡泊无以明志，非宁静无以致远』。我们常常把动态与浮躁、冲动、情绪化联系在一起，因而觉得静优于动。当然《大学》中静、安、虑、得的说法，忽略了与时俱进与时俱化、不断发展不断创新的这一面。毛泽东喜欢讲的恰恰是另一面，流水不腐，户枢不蠹，只有不停地运动才能合乎大道，避免堕落、腐烂、危亡。

无所积滞的观点也有意思，天道无所不在，但仍然时有积滞阻塞的可能，如同今日所说的塞车。以当时庄子的见解，这样一种栓塞，主要是人的自作聪明的有为造成的。帝王之道的栓塞，则是由帝王的疯狂膨胀与愚蠢昏聩、佞臣的卑鄙阴险与为恶作歹所造成。圣道的积滞，则是由各种学界的装腔作势、大言欺世、强词夺理所造成。道的运行就是一个积滞与反积滞的过程。

夫虚静、恬淡、寂漠、无为者，天地之平而道德之至，故帝王、圣人休焉。休则虚，虚则实，实则伦矣。虚则静，静则动，动则得矣。静则无为，无为也则任事者责矣。无为则俞俞。俞俞者忧患不能处，年寿长矣。

虚静、恬淡、寂寞、无为，这些都是天地的准则，道德的极致，所以帝王、圣人的追求到此为止，至此也就静下来了。有了这样的目标，知道到此为止了，也就虚空旷大了；虚空旷大，也就能引进、汲取、容纳、充实；能够引进、汲取、容纳、充实了，也就能够比照、联结、贯通，理出头绪、章法来了。虚空才能宁静，宁静才能最正常地运动，运动才能有所得益，叫做各得其所。（帝王）宁静了，也就无为了，无所欲为了，不想也不要『为』什么了，各人才能各司其责，各行其道。不刻意地妄为了，也就轻松愉快了。轻松愉快了，也就不会为忧虑祸患而自苦，也就能长命百岁啦。

有各种各样的人生观、价值观，粗略地概括一下，也许可以说有两种观点，一个是有为，一个是无为。主张有为的多，献身宗教献身给『主』；献身事业献身理念，包括利他主义、爱国主义、国际主义、世界主义、社会主义与共产主义、

慈善事业、艺术学术事业或反对什么什么（反帝、反殖民主义、反霸权主义、反恐怖主义或反共主义）等等，都是一种『为』，当然也包括比较本能的利己主义、锦标主义、敬业追求即各行各业的作为、名利追逐等，还有比较不高尚的拜金主义、享乐主义等。这些不同的有为，细琢磨起来，任何一种『为』，对于不同的追求来说正好是一种『无为』。一个利他主义者，在利己言行上，应该是相当无为的。一个共产主义者，在人生如梦、及时行乐、纵欲贪婪上则必须是非常无为的。一个宗教苦行者或慈善家，也不太可能同时成为一个拜金主义者或江洋大盗。

而像老庄这样综合全面地主张无为，既不在宗教事业或社会事业上有为，也不在私利欲望或专门领域上有为，这样的主张比较少见。但这样的综合无为的另一面仍然是有为，例如老庄都讲摄生或者养生，都讲理想的治国与治理天下，都讲功成事遂与百姓的安居乐业，讲『我自然』，老子还讲什么『将欲歙之，必固张之。将欲弱之，必固强之。将欲废之，必固兴之。将欲取之，必固与之。是谓微明。柔弱胜刚强』（第三十六章），将欲什么，也就是有目的地去『为』之，当然，微明也罢，以柔弱胜也罢，知白守黑也罢，和光同尘也罢，都是一种为的方法，为的策略。庄子要为的就更多，逍遥，齐物，成就一个至人、真人、圣人、仙人，吸风饮露，乘云气，御飞龙，而游乎四海之外……都是另类的直至幻想的为。

老庄的无为论极别致极有趣，我愿称之为无为乌托邦主义。其实，不论是谁，此生有限，总要有所为，有所不为，有所无为，即使他或她少年自杀了，其自杀仍然是一种带有强烈刺激后效的巨为。

对于无为的讨论其实就是对于为的讨论，无为是为的一种，如《老子》第六十三章所言：『为无为，事无事，味无味。』为乎无为，无为乎为，为此乎无为彼，为彼乎无为此，全无为乎则为其全无为，全部献身投入有为乎则全无逍遥齐物

养生之为，或称之为无为。即使作为概念与逻辑游戏也令人击节称道，妙哉有为与无为软！

夫虚静、恬淡、寂漠、无为者，万物之本也。明此以南乡，尧之为君也；明此以北面，舜之为臣也。以此处上，帝王天子之德也；以此处下，玄圣素王之道也。以此退居而闲游江海，山林之士服；以此进为而抚世，则功大名显而天下一也。静而圣，动而王，无为也而尊，朴素而天下莫能与之争美。

夫明白于天地之德者，此之谓大本大宗，与天和者也。所以均调天下，与人和者也。与人和者，谓之人乐；与天和者，谓之天乐。

虚静、恬淡、寂寞、无为，正是万物的根本，万事的关键。明白这个道理而南面称帝，正是唐尧这样的人能够有所成就的道理所在；明白这个道理而北面称臣的，正是虞舜这样的人能够有所成就的依据所在。持这样的心态而高高在上，就是有德的帝王天子；持这样的精神而位于卑下，就是虽无帝王之位却能够成为一代宗师、精神旗帜的玄圣素王（抽象概括、表述、弘扬大道大智大德的圣贤，并无权势宫室的素王——纯粹精神方面的王者）。持这样的心态而退隐漫游江河湖海，方方面面的山林隐士也无不宾服拥戴；持这样的心态意欲有所进取有所作为而且要安排造福世人，那么一定能够做到功成名就，声誉彰显，而且使天下大同，使天下之人都听你的，跟着你走。这样的人，静止状态时是圣贤，活动状态时是王者。这样的人，无为而无比尊贵，朴素无华而天下没有谁能比他做得更美好。

能够明白天地德性的根本要点，也就是最大程度地通晓了天地的本质与本原，从最根本处领悟了天地的德性，也就能与天相和合。依据这样的心态与认知来调节、平衡、处理天下大事，也就能与众人相和合。与人相和合，就是人

间的和乐、与人和乐；与天相和合，就是天然的和乐、与天和乐。

在内篇中，庄子强调的是许由对于唐尧让位的严正拒绝，甚至认为听了让位让权、为王为尊的话语都污染了自己的耳朵。到了这里，不知道是哪位尊重庄子却又心盼两全、心愿鱼与熊掌皆得之的后生，说的是人练就一副能进能退、能上能下、能功名能无为、能济世抚世也能避世出世的全才。真是舒服啊，真是灵活呀，真是过于聪明的中国文人啊，你占全啦！

如果只从利益得失上衡量，这样的理论堪称驴粪球儿面面光，令人怀疑，尤其令人嫉妒。但是，焉知这不是由于著作者的问题，而是由于接受者、反馈者精神世界委琐低下，才搞成了以小人之心度君子之腹呢？可进可退之说里，确有一种理论的根本性与统一性的考虑：出世之道与入世之道果真是势不两立的吗？能不能以出世之道而治世、济世、抚世、理世呢？这样一种思想，在重整体、重本质、重统一的中华文化中，当然会有自己的地位。而谁能做到这一点，也就未必不是真有点道行，有点智慧，有点境界，有两把刷子了。一味文死谏武死战，这只能算是『一把刷子』，一味乘大葫芦而游江湖或一味躺在大臭椿树下酣睡，这仍是只有另外的『一把刷子』。进可以治国安邦，退可以酣睡浮游，邦有道则智，邦无道则愚……这才算有『两把刷子』了呢！其他跌滚爬打的虫豸、声嘶力竭的蛤蟆、进退失据的鸦雀、饥不择食的猪狗，又有什么资格评论这种能进能退、进可攻退可守的道性与道行呢？

把用藏、进退、入出、君臣、圣隐、朝廷与山林之道结合起来，统一起来，的确有它的魅力。结合点不在励精图治，不在居庙堂之高则忧其民、处江湖之远则忧其君（范仲淹《岳阳楼记》），而在偏于消极的虚静、恬淡、寂寞、无为

上。这尤其有特点。为君为臣为圣，是焦虑、急躁、奔忙、火烧火燎好呢，还是稍稍清凉一点好呢？权愈大，事愈多，影响与使命愈高，能做到平稳理性、从容冷静就愈珍贵。这一段说法，还真是宝贵得很呀。

把握了根本性的无为，就可以做到与天和与人和，就可以做到天也乐来人也乐，山也乐来水也乐。这四个乐的类似句子曾经在『大跃进』民歌《红旗歌谣》中出现过，看得出《庄子》的修辞方式一直影响到一九五八年。更重要的是，此种论说逻辑表现了中国式的抓牛鼻子式的思想方法，即认定抓住关键就能一通百通，迎刃而解，万事大吉；这种格式用之自我安慰有余，用之解决问题则科学性、逻辑性不足。

庄子曰：『吾师乎！吾师乎！齑万物而不为戾，泽及万世而不为仁，长于上古而不为寿，覆载天地、刻雕众形而不为巧，此之谓天乐。故曰：「知天乐者，其生也天行，其死也物化。静而与阴同德，动而与阳同波。」故知天乐者，无天怨，无人非，无物累，无鬼责。故曰：「其动也天，其静也地，一心定而王天下；其鬼不祟，其魂不疲，一心定而万物服。」言以虚静，推于天地，通于万物，此之谓天乐。天乐者，圣人之心，以畜天下也。』

庄子说：『（大道或天乐或圣人）我的老师啊！我的老师啊！它毁灭万物但不是由于暴戾，它的恩泽好处惠及万代却不是由于仁爱，生长于远古却不求长寿，涵盖天地、雕刻制作出种种形态却不求智巧，这就叫做天乐——天然之和乐也。所以说：「懂得天乐的人，他活在世上是自然而然地运行——与天同行，他死了也就化成万物的一部分——与物同体。宁静时与阴气同德性同担当，运动时跟阳气同振荡同波动。」这样，体察到天乐的人，不会抱怨天命，不会招惹人间是非，不会被外物牵累与干扰，不会与鬼神互相推诿责备。所以说：「运动时像天一样通畅，静止时像地

一样安稳，自己内心安定，专一一贯，也就使天下稳定连贯；鬼魅无法折腾，神魂从不疲倦，内心专一一贯，也使万物随而安稳。」就是说，把虚空宁静的精神推广到天地，通达于万物，这就叫做天乐。所谓天乐，就是以圣人之通天地之心，养育培养天下众人。』

与老庄的其他文字比较，这一段对于圣人的能量、能力吹呼得大了一些。所谓『圣人之心，以畜天下』云云，牛大发了。好在他强调的仍然是天乐，是人与天的一致，人与天一致是圣人的主要特色。或者，更准确与刻薄地说，与天一致，是中国的所谓内圣外王的人的自我标榜，一是为了给自己高高在上的统治地位壮胆，一是为了让老百姓接受他们的颐指气使与大忽悠，一是为了给自己的权力地位与论辩说词，找一个伟大根据、伟大榜样。当然，不排除他们中的一些智者、迂者，颇具雄心壮志者真诚地师法天地、事奉天地的动机。

这一段说辞令人想起内篇中的《大宗师》之题名。大道也罢，天乐也罢，圣人也罢，美名、美德、美质是要多方学习、体会、咂摸的。它覆盖万物，恩惠万世，长于上古，刻雕众形……但不戾，不仁，不寿，不巧。它只承认道法自然、与时俱化，不承认意志、感情、价值、心愿。它只承认天的主体性、自然的主体性、道的主体性，不承认人、人的欲望、追求与文化的主体性。而只有在放弃了人的主体性，与天地阴阳结合为一以后，才成为天乐的下载、大道的下载，成为圣人，成为天下的主体。以全面放弃求全面获得，这是一个伟大的思路，虽然不无玄虚，仍然造福人众。

天乐一词也很珍贵，天然的舒畅，天然的享受，天然的和乐，天然的欢欣；还有，只有天然，才能有真正的快乐

与喜悦，一切人为的欲望、追求、刻意与咬牙切齿、拼死拼活，能够带来真正的快乐吗？

二　纵向分工思想的萌芽：上无为，下有为

夫帝王之德，以天地为宗，以道德为主，以无为为常。无为也，则用天下而有余；有为也，则为天下用而不足。故古之人贵夫无为也。上无为也，下亦无为也，是下与上同德，下与上同德则不臣；下有为也，上亦有为也，是上与下同道，上与下同道则不主。上必无为而用天下，下必有为为天下用，此不易之道也。

帝王的德行规范，往根本里说，是以天地为本为纲为依据来行事的；往自身上说，则是以道德为主宰为主心骨的；往行动方略上来说，则是以无为而治作为常规、作为经久不变的思路的。越是高高在上的帝王，越要无为，无为才能掌管天下而游刃有余；而越是有为，则越是为天下所役使，有为了半天仍然不能满足为天下所使用的需要。所以古人认定无为者比有为者更尊贵高明。上也无为，下也无为，这就是上下同德同等；下与上同德同等了，臣子也就缺失了臣服的意识了。而处于下边的臣子有为，高位的帝王也有为，上下就同道同干活了；上下同道同干活，帝王也就显不出主导作用来了。所以说，上边一定要无为才能掌管受用天下，下边则必须有为才能被天下所掌控使用，这是不可更易的道理。

老板要无为，经理与工人则必须有为。帝王要无为，臣子百姓则必须有为。这一章的撰稿人似乎开始意识到一味讲无为也有说不通的地方，便开始讲上无为而下有为的道理，这个道理叫做不无道理。

一是越往上责任就越多，日理万机的领导者往往正是挂一漏万、捉襟见肘的老板。放不开手，不会依靠下属干活

的老板累死活该。这样的有为之头头肯定搞得下边缩手缩脚，叫做不能发挥人民群众的主体精神，不能做到由群众自己解放自己。

二是为的多，毛病缺点也就多，陷于被动的可能也就多。还不如让下边放手去为，去干，上边适当点拨一下，干好了夸奖鼓励，干坏了指出经验教训乃至追究责任最好。

用天下与为天下用的说法，很高明，值得深思。这其实也是一个异化的问题，是人的主体性的问题。可惜的是多少人最后只能是被异己的力量所使用，疲于奔命，顾此失彼，千疮百孔，越是有为，越是搞成了个狼狈不堪。

第三，上边的关键在于选择与决策，在于判断与调整，在于分派与裁判，在于叫停与叫起（动），更需要的是清醒是虚静，是沉稳，是保持一点超脱，你不要事必躬亲不分大小事地奉陪下属到底。

第四，越是上边，越要为自己留有余地，留有空间……

以《红楼梦》为例，当贾母强调自己是『老废物』时，她搞的是无为而治，是贾府情况相对较好的时期，等到她要参与管理，如搜检大观园的前夕，她批评探春的『麻痹大意』，大事反而是已经不好了。

但这样的说法与《鞍钢宪法》正好矛盾，『鞍宪』强调的是两参一改三结合——干部参加劳动，工人参加管理，改革不合理的规章制度，工人群众、领导干部和技术员三结合——是缩小老板与工人的距离。『鞍宪』是社会主义意识形态的产物，而《庄子》此章讲的是封建主义的君臣之道。太强调君王的无为了，会发展寄生性、废物性、腐烂性，最终也只能自取灭亡。

我们的先贤还有一个特色，重视（精神）状态远远胜过方法、措施、政策、策略。这里讲的无为，讲的以什么什么为宗为主为常，更多的是讲应有的大气磅礴、胜算在握、从容不迫、治大国如烹小鲜的精神状态，而不替代、不承包具体的因应方略。至今我们在体育评论中可以明显地看到，我们仍然强调状态，而不是强调方略、技术。

故古之王天下者，知虽落天地，不自虑也；辩虽雕万物，不自说也；能虽穷海内，不自为也。天不产而万物化，地不长而万物育，帝王无为而天下功。故曰，莫神于天，莫富于地，莫大于帝王。故曰，帝王之德配天地。此乘天地，驰万物，而用人群之道也。

所以古时的帝王掌管天下，虽然上知天文下知地理，却不会整天为自己盘算思虑；虽然他们能够把万物都说出花儿来，却从来不自说自话，滔滔不绝；（或不因辩才而愉悦。）虽然他们的才能海内无人可比，他们决不自己没事找事干。他们知道，天并没有意图一定要出产什么而万物变化有定，地并没有意图一定要长成什么而万物在地上自行化育成就，帝王没有意图没有主题一定要做什么而天下的万事自有良好的功效。所以说，没有什么东西比天更神妙，没有什么东西比地更富足，没有什么东西比帝王更宏伟。所以说，帝王之德是与天地为伍的。这就是乘着天地的威势与道理，纵横驱驰万物，使用管理人群的大道呀。

『帝王之德配天地。此乘天地，驰万物，而用人群之道也。』呜呼哀哉，到了这里，自然之道变成了帝王之道。『德配天地』是幌子，是招牌；『乘天地』是威风，是气势，是权力，是压倒一切的姿态；『驰万物』是横扫一切的风格与弄权的快乐；『用人群』也是实话实说，人群受帝王所使用，人群给帝王服务，人群是帝王的家奴。这一段文字甚

至流露了封建主义的马屁味道。与《庄子》内篇确有不同。

这里的悖论在于，庄子时期，帝王的威权已经形成，诸子百家，没有谁敢于向帝王威权提出挑战，更不可能提出欧洲也是近现代才产生的民主、民权、人权、分权、监督、制衡、权力转移的理论、观念与制度。但诸子百家，还有一些士人、臣子等等，又毕竟不是某一个特定的朝代与帝王的私产，他们煞有介事地企图制定万世的修身齐家治国平天下的道理和方略。他们不能将某个特定的帝王树立为真理检验与价值界定的标准，他们求助于天，中华文化也确实具有崇拜天地自然的本能、基因和传统，他们乃将天、天地、天道、大道、玄德、道德树为最高的主宰、理念与价值，于是帝王统治的大旗飘荡。帝王搞得顺当了，你是受命于天，与天地为伍，是得道多助，是奉天承运，是顺天应人，与天地互相彰显，互相助威，互为依据，所向无敌。弄好了是天下唯有德者居之，是以德治国，是以礼（文化）治国，是庇荫万民，是乘天地，驰万物，用人群，得心应手。帝王搞得不顺当，搞得所谓天怒人怨了，天道之属，就下载而成了死谏的忠臣、若隐若现的反对派或基本教义派——原教旨主义者或农民起义者、胜者王侯（败者贼）人士的大旗。你这个倒霉的或昏聩的或残暴的帝王，便成了无道昏君，失道寡助，独夫民贼，只能落一个身首异处、九族皆夷、彻底灭亡的下场。那么，讲天道也好，讲以德治国也好，虽然不足以应对治国理政的复杂挑战，仍然不排除其中包括有道德监督、文化监督、政治警示的内涵。

也有与内篇明显一致的地方，就是我在《庄子的享受》中已经命名的庄学的『无主题治国』论。越是帝王，越要无为，不要搞主题先行，不要搞理念挂帅，不要因一己的理念愿望而与客观世界和民心对撞。不要自己想干这干那，而要一切听任百姓的本性，听任天然的运行规律。这有点放任自流的味道，但对于唯意志论、教条主义、违背客观规律的执政行为，是一个约束与警惕。

> 本在于上，末在于下。要在于主，详在于臣。三军五兵之运，德之末也；赏罚利害，五刑之辟，教之末也；礼法度数，形名比详，治之末也；钟鼓之音，羽旄之容，乐之末也；哭泣衰绖，隆杀之服，哀之末也。此五末者，须精神之运，心术之动，然后从之者也。

我们要分得清根本、根柢与末节、终端，根本的地位与重要性在上，末梢的地位与重要性在下。我们要分得清纲要与细目，纲要是由君王、主公掌管的，细目则是由臣子、工作人员从事的。上中下三军与五种兵器的调度运筹，其实是统治的大根据、大原则、大功能的末节；赏罚奖惩、刑法制裁等等，其实是教育教化大业的末节；还有一些礼法、规则、形式、名义、号令、次序，是治理的末节；而敲钟击鼓、举旗挥杆，是乐典仪式的末节；哭泣、孝衣丧服等等，则是表达悲哀的末节。这五方面的细目末节，只有与精神的变化、心态的运动结合、配合起来，随着精神状态走才是有意义的。

又是中国式的本质主义、整体主义、轻视细节轻视具体的思维方式。中华古人千次百次地表达，只要抓住根本，细部出点差错没有关系，甚至是细部出点毛病更好，证明你的心思全在根本上。中式古代思维相信源头却不注意终端，重视主机却无视键盘与监测屏幕，重视内科忽视外科，重视大道理不重视具体技术，重虚轻实，重大轻小，重头轻尾。咱们这里从来没有细节决定成败的说法。细节决定成败的说法是西方的说法，在我们这里涉嫌技术主义。毛泽东也喜

欢讲主要矛盾解决了，次要矛盾便迎刃而解。那个时期，喜欢讲不能只讲粮棉油不分敌我友，不能只拉车不看路。新中国几十年过去了，谈文艺只准讨论方向问题，将『方向问题解决了』作为反动论点来批，说明新中国的文艺走了数十年，一直忙于向左转向右转调整改变方位，却未能前进一步。最后搞的是分不完分不清敌我友，却高度匮乏了粮棉油，还有如毛主席『文革』中说过的没有小说、诗歌、散文。最后搞的是你说我路线不对我说你路线不对，车子或轮子或双脚停在原地打转。最后搞成文艺上派别森严，帽子乱扣，可是拿不出像样的货色。现在不怎么天天争执方向问题了，方向的事儿反而淡化了。

过度地强调本末、主从、先后、纲目的关系，有可能是造成国人思想懒惰与孱弱，缺乏创造性、试验性、冒险性的原因之一部分。要知道，多数人一出生就注定了自身处于各种事物系列的末端，三百六十行，诸如宋代周烨《清波杂志》上记有的『肉肆行、海味行、酱料行、花果行、鲜鱼行、宫粉行、成衣行、药肆行、扎作行、棺木行、故旧行、陶土行、仵作行、鼓乐行、杂耍行、皮革行』等等，有几行是本？沾得上本的全国人口中，能有百分之几、千分之几、万分亿分之几？老百姓嘛，本来就是各末之末，是从，是后，是目而不可能是本、要、主、纲、先啊。于是你只有紧跟照办当差的份儿，却不可有筹谋计划之心，更不可以有独立思考，不可以有独立之人格与自由之精神，用现在的说法，叫做只能『听喝』，一代代一群群几千年听喝下来，您这个族群能有多大出息？

然而，抓根本，抓牛鼻子，一通百通、一顺百顺的思路又是非常吸引人的。尤其是写文章的人，有了激情，有了生活，有了灵感，真是顺手拈来，俯拾即是，妙笔生花，宛若天成，如巴金所说最高的技巧是无技巧。我个人也喜欢我所杜撰的大道无术一语，看到一些人整天搞小动作，整天拉帮结派、无事生非、流言蜚语、嘀嘀咕咕、神神经经、哭哭闹闹，今天送材料明天告状后天匿名信，真是活活笑死人丑死人。事物确有这一面。

所以此章的撰稿人流露出智力的优越感。他把俗人、俗臣、俗帝、俗圣极其重视的调动军队呀，典礼如仪呀，展示形象呀，名衔荣耀呀，表情举止呀，都用一个『末』字打入冷宫。想想看，多少大人物，多少国家民族集团，多少年多少代都在那里忙于末，疲于详，致力于枝枝节节，奋斗于零零碎碎，不懂得大道，不懂得天地，不懂得玄德，不懂得根本、根柢、纲要与大同，只知道小打小闹、抠抠搜搜、雕虫小技，小得小失……呜呼，这里的说法也还真有点挑战性与特立独行性呢。

末学者，古人有之，而非所以先也。君先而臣从，父先而子从，兄先而弟从，长先而少从，男先而女从，夫先而妇从。夫尊卑先后，天地之行也，故圣人取象焉。天尊地卑，神明之位也；春夏先，秋冬后，四时之序也；万物化作，萌区有状，盛衰之杀，变化之流也。夫天地至神，而有尊卑先后之序，而况人道乎！宗庙尚亲，朝廷尚尊，乡党尚齿，行事尚贤，大道之序也。语道而非其序者，非其道也。语道而非其道者，安取道！

致力于末学、学末，总是抓不住根本的人，古代也是有的，但是这种末学不会呆在太靠前太重要的位置，不会有人过于强调它们。事物都是有个先后主从之分的。君在先，臣在后（从）；父在先，子在后；兄在先，弟在后；年长者在先，年幼者在后；男在先，女在后；夫君在先，妇人在后。这样的尊卑先后是天地的运行法则，圣人是从天地中得到启悟，懂得了这种尊卑先后的现象的。天与地相比，天在上，是尊贵的，而地在下，是卑下的，这

是神明决定了的位置；春夏在先，秋冬在后，这是四时决定了的秩序；万物变化运作，从萌芽到区分成形，都有一定的形状、状态，盛衰生灭，有自己的变化的川流不息。天与地具有最高的神性，也还要区分一下尊卑先后的秩序，何况是人间的道理呢。宗族神庙之中要崇尚血统的亲近（区分亲疏），朝廷里要崇尚地位的尊贵（区分尊卑），乡党之间要尊重年长者（区分长幼），行事要推崇贤明（区分贤愚），这都是大道本身的秩序，是理之必然，是接受、遵从、照办没商量的。如果谈道却违背大道的秩序，那就不是道了。如果谈道谈了半天却不是道了，还谈得上什么道！

这一段更像是对老庄学说的匡正、补充、修正，如果不说是歪曲的话。老子本来是讲道如雨露一样地均匀，讲天下不可为，讲不可得而亲，不可得而疏，不可得而利，不可得而害的。就是说，老子本来是主张大道面前人人平等的。而《庄子》内篇里更是找机会就嘲笑一下帝王，强调物之齐包括尊卑先后之并无区别的。

但是到了此章，则认定尊卑长幼的区别是天经地义。古人有可怜之处，他们没有今天的天体物理学与立体几何的知识，乃认定天在上地在下，天尊而地卑。如果他们有了天体运行的知识，地球是圆的的知识，有了大气层与星系、银河系的知识，那种振振有词的天地至神而有尊卑先后之序的说法也就完蛋了。

欧洲的启蒙主义强调人生而平等，这带有理想主义成分，从中可以生发出革命、民主、人权、社会主义、左翼思潮等等，既有推动社会前进的伟力，又会掀起许多争拗事端。平等的思想是一个伟大的也是多事的思想。中国的儒家则致力于一举认定、断定、铁定不平等的合理性、先验性、必要性与现实性，并努力为尊卑长幼定出一个合情合理的规范。如父要慈而子要孝，君要明而臣要忠，夫要良而妻要贞，朋友之间则要讲信义等。这种儒家的不平等主义与双向道德义务主义，与平等思想相比较，比较平和，比较没有出息，比较保守落后，但在一段时期会比较有利于面对与认同现实，有利于天下太平，有利于没有脾气，少上点火。这种『合理不平等主义』最后，如到了清末民初，则全无整合能力，变成了自欺欺人的废话。中国与西方的论点各自又都产生了自己的变数、异数，如西方的种族主义、殖民主义、阶级压迫，如我们的『舍得一身剐，敢把皇帝拉下马』与『王侯将相，宁有种乎』。世界是越来越复杂了，越来越说不清楚啦。

理论上、法学上、政治伦理学上的平等观与事实上的不平等并存，如因性别、民族、阶级、遗传基因、生理指标、智商、生存条件、教育条件、就业条件、地域等的不同而产生的直到运气上的实在不平等，这是人类迄今并未解决的一个难题。

其实至今平等不平等的问题仍然闹心，有的争，有的斗，有的说。而且各种沾了不平等的光的『上流社会』的精英们，多半不敢真诚与真实地谈论这个话题。而各种自以为是受到了不公正的遭遇的人，谈起来也都满溢着情绪，没有太多的人能理性平和地予以深度思考。

是故古之明大道者，先明天而道德次之，道德已明而仁义次之，仁义已明而分守次之，分守已明而形名次之，形名已明而因任次之，因任已明而原省次之，原省已明而是非次之，是非已明而赏罚次之。赏罚已明而愚知处宜，贵贱履位，仁贤不肖袭情。必分其能，必由其名，以此事上，以此畜下，以此治物，以此修身；知谋不用，必归其天，此

之谓太平，治之至也。

所以说古代那些通晓了大道的人，首要的是去理解天道，即大自然的奥妙与法则，世界的根本规律与结构，而后去考虑人类能够把握的或更庸俗一点是应该遵循的道德信条；总体的道德信条弄明白了，才去讲仁义等情操涵养与价值认定；具有了仁义之情之理了，再厘清区分（分工）与责任（职守）；明白了分工与责任，就能搞清名义、名称与形式、格局；名称、形式、格局都清楚了，就该因人任事，即根据各人情况分派其职守了；人事安排好了，就要检查、监督、掌控、评价人们的工作情况与政治表现、社会反响了；掌握、评价好了每个人的情况表现，自然对于孰是孰非有清楚的判断了；是非判断清楚才好进行赏罚。赏罚分明，自然是谁聪明谁傻笨都得到适宜的处置，谁高贵谁低贱都各得其所，各得其位，仁爱者、贤能者、不肖即不成样子者，也都能了解其真情，相机处理。能够辨别各人不同的才能，能够给不同的人以适宜的名分与归属，以这样的原则去服务朝廷，以这样的原则去教化民人，以这样的原则去管治万物，以这样的原则要求与磨砺自身。拒绝智谋、招数，万事遁天道自然之理，这就叫天下太平，这就是治国平天下的最高境界。

这一段甚至大谈人事工作了。人事工作不要过度地动心眼，要花招，更不要搞阴谋诡计，这很明白，这样才有诚信，才能用好人，才能播种道德仁义，收获忠诚负责。否则，上下交相利还是好的，交相骗、交相谀、交相应付、交相推诿……各种病变也就层出不穷了。

这样的人事工作也要从天道学起，这至少是一个很好的说法。像天一样光明、正大、公平、宽广、涵盖、寡言，

不失为一种形象参照。反过来说，不要鼠目寸光，不要蛇一样地死缠恶斗，不要蛤蟆一样地噪聒不休，不要蛆虫般地追腐逐臭，不要躲在阴暗的角落里整天嘀嘀咕咕……也不无借鉴的意义。

这一段讲明天、道德、仁义、分守、形名、因任、原省、是非、赏罚，应该说至今仍有道理，而且从最高最大处讲来，有点主张人事工作要有大局意识的意味。讲得太大了也会产生清谈、空论、抽象化、哲理化，而忽略了某些职位的具体性、业务性。说下大天来，首要的是一个人能否胜任工作的要求，末端的要求，一个鞋匠出的鞋好不好穿，一个瓦匠盖起的房好不好住。这很可能是我们的文化传统注意不够的方面。世世代代，我们大谈修齐治平的大儒大师、忠臣烈士不少，发明家、技术家、科学家、业务人才太不够，值得深思。手机段子有云，一只公猫闹腾得太过，被主人阉割，阉后仍然闹腾，而且猫气十足，主人不解，审问之；此猫曰：现在业务虽然不成了，仍能抓抓开会学习什么的。此段子或有片面与刻薄处，但也反映了百姓对于空谈家们的厌烦，不可不察。

故书曰：『有形有名。』形名者，古人有之，而非所以先也。古之语大道者，五变而形名可举，九变而赏罚可言也。骤而语形名，不知其本也；骤而语赏罚，不知其始也。倒道而言，迕道而说者，人之所治也，安能治人！骤而语形名赏罚，此有知治之具，非知治之道；可用于天下，不足以用天下，此之谓辩士，一曲之人也。礼法数度，形名比详，古人有之，此下之所以事上，非上之所以畜下也。

古书上说过要『有形有名』，有格局、形式还要有名分、归属，这说明古人早早已经看到命名的必要性，但不等于说古人认为形名是第一性第一位的东西。古人讲大道，一要明天（了解天意），二要明德，三是仁义，四是分守（问

责），到了第五层了才说到形名。然后六是因任（因人任职），七是原省（考察评价），八是是非，到了第九层才是赏罚。一上来就讲形名，就是忘记了根本；一上来就讲赏罚，也是没了源头。颠倒了大道被接受、掌握、运用的次序，违背了大道的先后，而首先追求形名、赏罚，这是被统治的小人物、庸人们的特色，他们哪里懂得如何治国平天下呢。动不动就谈论谁升了谁降了，什么机构设置了，什么机构升格什么机构撤销了，谁走红了，谁受赏了，谁倒霉了，谁出事儿了，这说明此人注意政治现象最多是政治动向罢了，并不懂得政治的道理和规律。这样的人被使用一下，当当差还算凑合，他们当不成真正的领导者。这样的人也可能成为名嘴，口若悬河，舌吐莲花，能够白话白话礼法度数、表面浮沉、格局升降、官运人气……这些人物，古已有之，多了去啦，当个官吏或参谋幕府或不无可取，真正治国，他们还没有门儿呢。

这一段至今读起来仍然感到真切现实。关心政事、政治，谈论政事、政治，有兴趣于政事、政治的人多矣，多数都在那儿舍本逐末，舍根求一叶一枝，舍源头求水波水花。张三升了，李四降了，张三受勋了，李四双规了，张三进了，李四退了，张家兴了，李家衰了，张李结盟了，李张反目成仇了，还有各种勾心斗角、奇招妙技、大旗大话、骤起骤落……坊间津津乐道者，无非是这些闹闹哄哄、乱七八糟然而很好玩很戏剧化的表象、故事、西洋景，乃至脑筋急转弯。而我们的先秦诸子，坚信各种盛衰成败沉浮并非偶然，冥冥中有大道存焉，有大道运作焉。而且这种大道，对于儒家来说，是相当道德化的道（德）。对于老庄而言，是非常哲学化的道（理）。而不论是儒是道，他们都相信人间政事的主要参照物，主要的大宗师是天，是天地，是天道，是自然。这种想象力，这种超常的感悟不是没有道理的，就是说，我们既然不无道理地相信世界的统一性，也就是相信了道与德与理的统一性。人法地，地法天，天法道，道法自然，这样的公理应该是不证自明的。虽然，这样空洞抽象伟大的道理，对于不同层次的人具有不同的意义。对于忽悠者，这只是忽悠而已。对于伪善者，这只是伪善而已。对于野心家、独裁者，这只是野心与独裁的漂亮外套而已。对于书生，这只不过是纸上谈政而已。对于实用主义者与机会主义者呢？这只是信口开河、嬉皮笑脸而已。对于思想家呢？这首先是伟大的思想说法而已。只有真正的通人，才能从理论思想到生活实践，从咨言到咨政，从领导到被领导，从顺到逆，从学问到经验，弄通这一切。俗人重视的是形名与赏罚，这话里包含着对于法家的批判，更是对于庸人政治、鄙俗政治、名嘴政治、浅薄廉价政治的嘲笑。警惕政治的鄙俗化、庸人化、浅薄化、廉价化、名嘴化，越是在相对太平一点自由一点的社会，越是必要的，却也是难以做到的。呜呼哀哉！

所谓第五层才谈得上形式、归属——形名，第九层才谈得上赏罚，也给人一种担心：这样认死理的话，不正是会造成文牍主义、教条主义、套话八股、清谈空论之风吗？如果你是纪检监察部门，你能不一上来就谈处罚吗？还是必须先要穿靴戴帽，先讲旗帜、纲领、方针路线、形势任务，到了最后十分之一才允许讲你要处分谁呢？如果你是卖茶叶的，从根本上讲，从世界农业文化史、饮料史、中华饮品传统、中国农民的优秀品质与不幸命运、几千年封建社会与近一百五十年的国家命运等等纲要根本上入手，讲到什么时候才能出现茶字呢？博士卖驴，下笔千言，不见驴字，可能也是忙于抓根本。『五变而形名可举，九变而赏罚可言』，至于要想提到茶字，恐怕得等到十八变之后了吧？

三　仁政是不是装模作样

昔者舜问于尧曰：『天王之用心何如？』尧曰：『吾不敖无告，不废穷民，苦死者，嘉孺子而哀妇人。此吾所以用心已。』舜曰：『美则美矣，而未大也。』尧曰：『然则何如？』舜曰：『天德而出宁，日月照而四时行，若昼夜之有经，云行而雨施矣。』尧曰：『胶胶扰扰乎！子，天之合也；我，人之合也。』夫天地者，古之所大也，而黄帝、尧、舜之所共美也。故古之王天下者，奚为哉？天地而已矣。

过去舜问过尧：『您秉依天意作了君王天子，是以什么样的心态动机来奉天承运的呢？』尧说：『我从不在那些无助的老百姓面前显威风摆架子，我也不忽视那些生活困难走投无路的穷人，我为死者之苦而担忧，我好好地照顾死者留下的幼子，并怜悯他们的妇人。这些就是我用心的地方了。』舜说：『这样做好是好，但境界并不阔大。』尧说：『这么说，应该怎么样才对呢？』舜说：『自然而然，万事正常安宁，就像日月耀天，四季运行，又像昼夜交替，形成常理，云彩运行，随即有雨，雨水施及万物。』尧说：『纷纷扰扰的世事，谁摆脱得开啊？你讲的是与天相合，我做的是调理人间。』天和地，自古以来是最为伟大的，黄帝、尧、舜都会赞美、认同、崇拜它。所以，古时候统治天下而为君王的人，能够做些什么呢？尊崇天地，按天道行事就对了。

尧讲的政治情怀，很有点今人所说的注意帮助弱势群体的意思。虽然在这样一个虚拟的谈话中不可能很完备，但不失为一种以人为本的思路。舜讲的以天为本呢，高明则高明矣，玄虚了很多。然而，这毕竟是学说，是姿态，是理想与谈论，是精神的享受，这不是政纲，更不是竞选纲领。有此一说，还是蛮漂亮即蛮享受的。依此段所写，尧可以当民政部长，而舜可以当哲学研究员。

孔子西藏书于周室。子路谋曰：『由闻周之征藏史有老聃者，免而归居，夫子欲藏书，则试往因焉。』孔子曰：『善。』往见老聃，而老聃不许，于是缮六经以说。老聃中其说，曰：『大谩，愿闻其要。』孔子曰：『要在仁义。』老聃曰：『请问，仁义，人之性邪？』孔子曰：『然。君子不仁则不成，不义则不生。仁义，真人之性也，又将奚为矣？』老聃曰：『请问，何谓仁义？』孔子曰：『中心物恺，兼爱无私，此仁义之情也。』老聃曰：『意，几乎后言！夫兼爱，不亦迂乎！无私焉，乃私也。夫子若欲使天下无失其牧乎？则天地固有常矣，日月固有明矣，星辰固有列矣，禽兽固有群矣，树木固有立矣。夫子亦放德而行，循道而趋，已至矣，又何偈偈乎揭仁义，若击鼓而求亡子焉？意，夫子乱人之性也！』

孔子想把一批书籍（或自己撰述、编修的书稿）送到西部周王室的书库中收藏。子路给孔子出主意，说：『我听说周王管理典籍的史官有个叫老聃（即老子）的，他已经退职回家做寓公了，您老想收藏书稿，何不找他帮帮忙呢？』孔子称善。他去见老子，老子没有答应。孔子就翻阅着六经给老子解释。老子打断了他的解说，说：『太泛漫冗长了，你给我讲讲要点吧。』孔子说：『要点就在于讲仁义。』老子问：『所谓仁义，是人的天性吗？』孔子说：『当然是的。一个君子人不仁，能够成为一个君子人吗？如果他不义，他也就站不住脚，更无从生发与发挥影响。仁义是真正的君子人的天性，谁还能否认得了呢？』

老聃说：『再请问，什么叫仁义呢？』孔子说：『心放到中央，公正持中，而且善待万物，兼爱而全无私心，这

正是仁与义的情态。』老聃说：『唉！你后面所说的这许多话可越发是靠不住的呀！兼爱天下，这不过是迂腐的空洞信念。而有意识地到处念叨什么无私，其实正是希望因此而有所获得，也就是说，这正是私心的表现。先生您的意思，不是说要天下人都不要失去生活的常态吗？那么，天地原本就有自己的常轨，日月原本就大放光明，星辰原本就排列有定，而禽兽原本就有自己的群落归属，树木原本就林立在大地上。先生，您任凭自然的德性行事，遵循顺遂着大道去行动与靠拢，这就是做到家了，又何必急急忙忙地宣讲闹腾仁义？这岂不如同是敲打着鼓点去寻找逃跑者，敲得越响人家就跑得越远吗？唉！先生您辛苦了半天，其实是扰乱了人的天性啊！』

摸摸良心是否长在正中，这已经成为俚语。而《红楼梦》里，贾赦讲的令贾母大为不快的笑话是说，一个人心口疼痛扎针，却扎往腋下，因为此人的心长在胳肢窝处。他以此笑话讥讽贾母偏爱贾政，而冷淡了他贾赦。却原来《庄子》已有『中其心』的说法。兼爱天下为什么是靠不住的呢？盖人性还是先顾自己的吧。《庄子》里的这一类说法倒有点西方社会所谓『各人管各人，上帝管大家』的味道。

『各人自扫门前雪，休管他人瓦上霜』，国人也有这种说法，不无道理，每个个体把自己的事情弄好，社会相对也较少麻烦，但这又太忽视了群体、社会、社会关系的作用了。

敲锣打鼓寻找逃亡者的故事颇可一粲。君王也罢，圣贤也罢，通病是定调太高。开始，高调容易动人迷人。继而，高调难于兑现，使人为难，遂影响了君王与圣贤的公信力。发展下去，也许有人逃亡，不想接受你的高调忽悠、施压与外加辖制。你再大喊大叫敲锣打鼓地寻找失落的高调公信力，或者会事与愿违的吧？

但是，君王与圣贤如果和百姓是一样的水准与觉悟，似乎也不妥。怎么样能够平衡一些呢？这就是关键所在了。

无为与放任，这渐渐成了老庄的主张。他们极力贬低君王与圣贤在公共管理上的作用。他们不像无政府主义，但是像有政府、无主义。他们主张的是有君王，有圣贤，有大道，有玄德，但君王的特点是听任自然，放任百姓，最多是令百姓知其有之或者不知有之就行了。老子却又说：『民不畏威则大威至。』（第七十二章）这个威也许不完全是管理的威，而是大道的威、玄德的威了。这样讲，未免失之高妙，太妙，变成玄学了。

四　太精明的人是不受信赖的

士成绮见老子而问曰：『吾闻夫子圣人也，吾固不辞远道而来愿见，百舍重趼而不敢息。今吾观子，非圣人也。鼠壤而余蔬，而弃妹之者，不仁也。生熟不尽于前，而积敛无崖。』老子漠然不应。

士成绮明日复见，曰：『昔者吾有刺于子，今吾心正却矣，何故也？』老子曰：『夫巧知神圣之人，吾自以为脱焉。昔者子呼我牛也而谓之牛，呼我马也而谓之马。苟有其实，人与之名而弗受，再受其殃。吾服也恒服，吾非以服有服。』

士成绮见到老子，他说：『过去我以为您是圣人，为此我不辞远道而来觐见，走了上百天，脚底都磨出茧子来了也不敢怠慢歇息。今天见到您，根据我的观察，您可不是圣人呀。屋里的地面上跑着老鼠，剩菜剩饭丢弃在那里，不予理会，这是不仁啊。生的熟的各种吃食吃也吃不完，却还在那里积攒。唉，您这是怎么回事呀？』老子表情淡漠，不予置理。

士成绮第二天又来见老子，他说：『昨天我说话讥刺了您，今天我的心情正常多了，这是为什么呢？』老子说：『如果你说的圣人是指巧智神圣之人，我想我并非那样的人。早先你愿意叫我是牛我就当牛好了，你管我叫马呢，我就当

马好了。如果我的状况已经给了你某种观感，你那样地称呼我我又不接受，那不是进一步要出现不愉快了吗？我一如既往衷心乐意地接受了你的命名，一切悉听尊便，并不是有意有目的地如此这般。」

这可以称作非名论或非正名论，这也叫不争论。孔子不是要正名吗？庄子早在内篇中已经说了，「名者实之宾也」（《逍遥游》），名是次生的东西，实才是根本，才是原生的存在，说马就是马，说牛就是牛，有什么可争的呢？俗人最常用的办法，就是给自己不喜欢的东西起一个恶名，而至人真人，根本不拿名不名当一回事。这又是一种理想，这甚至让人想到所谓不进行姓社姓资的抽象争论。

这里的巧智神圣之说也有点内涵，巧智，根本上就是老庄所否定的，老子要的是「镇之以无名之朴」（第三十七章），当然不要巧智。庄子要的是放任自然，也不欢迎巧智。圣一下，在《庄子》外篇里还差不多。圣而神之，与圣而鬼之一样，同样太不朴实了。切莫忘记，老子归根结蒂是要绝圣弃智的，老子是主张宠辱无惊的，庄子是讲以天下誉之、以天下非之都不须理睬的，那么算不算圣人，对于此段所写的老子来说，算个鸟！

士成绮雁行避影，履行遂进而问：「修身若何？」老子曰：「而容崖然，而目冲然，而颡頯然，而口阚然，而状义然，似系马而止也。动而持，发也机，察而审，知巧而睹于泰，凡以为不信。边竟有人焉，其名为窃。」

几句话说得士成绮五体投地，他像雁子一样地侧身而行，小心翼翼如同躲避着自己的影子，一副赔小心的样子，问老子说：「请给我讲讲修身之道吧。」老子说：「你这个人啊，面带傲气，目光炯炯，额头凸显，你的口舌炫耀，还摆出一副人五人六的架势，好像是一匹奔马被缰绳捆系，你想闹腾却又被迫停止。你想发作起动，恨不得机敏无比，你东张西望，自命眼里不搀沙子，你是聪明外露，精出个样儿来，这一切都不自然朴实，让人不敢相信你。边境出现了你这样的人，人家还以为是窃贼之类的搞非法勾当的人呢。」

这里的相面描摹十分精彩，国人之思维定势与集体无意识久矣，不喜欢张扬外露之人，不喜欢个性凸显之人，不喜欢跃跃欲试之人，不喜欢针尖麦芒之人，不喜欢英气勃勃，才华洋溢之人。国人喜欢的是谦虚谨慎，内敛深藏，大智若愚，最好是拙嘴笨腮者。甚至国人不喜欢太多太明显太外露的表情，不待见太多的手势等肢体语言，连称颂大人物，也是说他们「喜怒不形于色」。这里的士成绮被说成「而目冲然」，与其译作两眼外凸，不如译作目光炯炯有神——这却成了他的大毛病。唉！

五　永远不使自己的精神陷入重围

夫子曰：「夫道，于大不终，于小不遗，故万物备。广广乎其无不容也，渊乎其不可测也。形德仁义，神之末也，非至人孰能定之！夫至人有世，不亦大乎！而不足以为之累。天下奋棅而不与之偕，审乎无假而不与利迁，极物之真，能守其本，故外天地，遗万物，而神未尝有所困也。通乎道，合乎德，退仁义，宾礼乐，至人之心有所定矣。」

先生说：「这个道哇，从大里说，永远没有个头，往小里说，没有遗漏，有这样的大到无穷也小到无底的道，才有、才能理解、才能生出齐备的大大小小的万物。它的广大可以包容一切，它的渊深无法测量。与道相比，赏罚仁义，都是精神概念的细枝末节，不是至人，谁能确定赏罚仁义的标准呢？至人能够拥有世界（或至人出世），也够伟大的了吧，然而这不足以成为至人的包袱累赘。天下人争权夺势，竞争了个如火如荼，但是至人不会跟着闹哄。他并不需要借助

依靠什么为自己谋利，他就是他自己。他能够穷尽外物的真相真知，握持住根本，所以能将天地置之度外，把万物放到一边，从来不使自己的精神陷入困境。他的道心畅通，他的德性适宜，不需要考虑仁义道德，也不会把礼仪奏乐放到心上，至人的心自有集中点，自有稳定处。』

老子庄子，在谈到道的时候经常会用一赞三叹的调子，他们在分析，更是在礼赞；他们在论辩，更是在歌唱；他们在讲哲学，更是在吟诵诗篇。是的，进入无穷大的境界以后，理性的分析与信仰性的服膺与赞美已经合而为一，思辨与信服，信服与膜拜，膜拜与高歌，已经融会贯通合而为一体。

这叫做唯道唯一，当然再不需要狐假虎威，不需要虚名头衔，不需要势力背景，不需要借光造势，不需要包装炒作。『审乎无假而不与利迁』，这九个字极有深意、新意。无须假借的结果是无惧物议，无惧天下人皆非之，也无求天下人皆誉之。这不就是超然物外，翩然无迹，金刚不坏，刀枪不入了吗？至人的最大特点是这种精神的独立性、强大性、自足性、主体性。这样的精神如长江大河，如泰山昆仑，如日月星辰，这样的至人，还会有什么忧虑烦恼呢？又如何可能陷于精神的困境与重围呢？应对外物的攻伐，（见黄山谷诗：『外物攻伐人，钟鼓作声气。待渠弓箭尽，我自味无味。』）即外界的不怀好意的恶劣运作，没有比自己的超越与通畅更有力的了，你一心陷害，心劳日拙，绞尽脑汁；我哈哈大笑，视若无物，成果串接，光照寰宇。谁优谁劣，谁胜谁负，还用研究吗？

六　语言文字记录下来的糟粕而已

> 世之所贵道者书也，书不过语，语有贵也。语之所贵者意也，意有所随。意之所随者，不可言传也，而世因贵言传书。世虽贵之，我犹不足贵也，为其贵非其贵也。故视而可见者，形与色也；听而可闻者，名与声也。悲夫，世人以形色名声为足以得彼之情！夫形色名声果不足以得彼之情，则知者不言，言者不知，而世岂识之哉？

世人认为珍贵的道，是借助于书籍来体现的，书籍文字是什么呢？是言语的记载或书写。那么言语有什么值得珍贵的呢？言语的可贵之处在于它的意义。意义是有所来由有所指向的，也是很难用言语表达的。可是世人，由于珍贵某些言语，也就珍贵起书籍文字来了。世人虽然珍贵书籍文字，我却不认为它们有那么珍贵。因为书籍与言语的珍贵并不是真正的最高的珍贵。书籍可以看，看到的是形状与颜色；书籍可以读，读出的是声音和名称。不是有点可悲了吗？这个形状、颜色、名称、声音就能表达出它们的内情与真意吗？谁说的？我们说过真正有智慧有知识的人可能不喜欢讲话，而那些滔滔不绝的人很可能智慧与知识极其有限，一般的世人，谁能识别得清谁有智慧，谁没有智慧，谁有知识，谁没有知识呢？

太精彩也太超前了。二十世纪种种语言学派所关心与讨论的问题，庄子已经接触到了思考到了。他说『悲夫，世人以形色名声为足以得彼之情』，就是说仅仅以语言文字的形状、名称、读音、视听感觉与印象来感知世界，这靠得住吗？用语言文字的视听感受来寻找对于世界的视听感受，这是足够的吗？遵循着文字——书籍——知识——意义——智慧的路线来尊重文字与书籍，庄子问，这样一个路线是必然的与完全可靠的吗？仅仅从有着一定形色名声的文字上能理解多少含义、多少知识、多少智慧呢？两千三百年前，他已经不接受本本主义了。

> 桓公读书于堂上，轮扁斲轮于堂下。释椎凿而上，问桓公曰：『敢问，公之所读者何言邪？』公曰：『圣人之言也。』

曰：『圣人在乎？』公曰：『已死矣。』曰：『然则君之所读者，古人之糟魄已夫！』桓公曰：『寡人读书，轮人安得议乎！有说则可，无说则死。』轮扁曰：『臣也以臣之事观之。斲轮，徐则甘而不固，疾则苦而不入。不徐不疾，得之于手而应于心。口不能言，有数存焉于其间。臣不能以喻臣之子，臣之子亦不能受之于臣，是以行年七十而老斲轮。古之人与其不可传也死矣，然则君之所读者，古人之糟魄已夫！』

齐桓公在堂上读书，制作车轮的阿扁在堂下砍制车轮。他放下椎子和凿子，走到桓公跟前说：『我大胆地问一句，您所读的东西是说什么的呢？』齐桓公说：『是圣人的言论语录。』轮扁说：『圣人还活着哪？』齐桓公说：『死啦。』轮扁说：『这么说，国君您正在读的，原来是古代的糟粕罢了！』齐桓公不高兴了，他说：『寡人读书，你一个车轮工人怎么可以妄加评论！你说说，如果你有什么说法，那也还罢了，没有道理可说我就要处死你的。』轮扁说：『我是从我所做的这门行当明白了一个道理。砍制车轮，用劲小了就叫做甜了，松松垮垮不坚固；用劲大了就叫做苦了，太紧了揳不到框框里。怎么样才能不紧不慢，不大不小，做到得心应手呢？这是一个人嘴里无法讲说清楚的，心里头却是一定要有数的。这样的心中有数、心劲儿，我不能明明白白地讲解给我的儿子，我的儿子也不能从我的言语当中接收这样奥妙的心术与心劲儿。这样，我今年七十岁了，这么大年纪还得自己砍削车轮，没有人能接班啊。想想看，古时候的人已经随着他们那些不可言说的道道儿一去不复返了，能够流传下来的，恰恰不是那最奥妙的精华。那么君王所读的书，不是古人的糟粕又是什么呢！』

这是外篇中最精彩的寓言之一。手工操作中甜了苦了之说至今犹存。例如裁缝，为顾客将服装袖腿改短，去掉

的太大发了，叫做去苦了。去的太少，仍然肥肥大大，是否称作甜？则比较少见。庄子时期做轮子，应该主要靠木头的衔接，考虑的是榫头和榫孔（卯眼）之间的关系。按道理，砍削榫头的时候用劲太大，榫头留得太小，容易松松垮垮，就是说做苦了才松垮，但是此段说的是做甜了才松垮，也许古人与今人对于干活的甘苦的说法相反？或谓，甘是指甘滑，苦是指紧涩，那么与现今的甜了苦了之说无关。也许吧，反正以甘苦形容活计的完成状况，古已有之，于今仍在。

无论如何，这一故事虽然把古书都说成糟粕，略走极端，其含义却堪称石破天惊。庄子早就从根本上破除了本本主义，祛除了对语言文字的敬畏，是一大解放。而且他讲得很生活。理论是灰色的，而生活之树常青，歌德的说法信然。轮扁论斲的故事其实是来自对于生活的发现。语言、言语，对于人之为人是太重要了，但是仍有它的局限性，写成文字，离开了言说的具体语境，忽略了声调、表情等辅助因素，书本的表达能力就更差了一截。轮扁以自己的行业为例讲解语言的无能，实在精彩。我们首先以教学为例，因为这里的齐桓公读圣贤之书于堂上，目的是接受教育，是学习。那么言语传授在教学中的作用如何呢？我们喜欢讲言传身教。有一些行当，言传是很不中用的。我童年时期读武侠小说读得成了功夫迷，尤其崇拜太极拳。我从早点钱中积攒下一点钱，购买了太极拳式图解，本以为从此可以练成太极高手。实际上，按照书本练拳是根本没有门的。一个简单的动手，费上一车话仍然可能说不清楚。仅仅一个身体与四肢各个部位的名称就不是一般人闹得明晰的，再讲动作，话越多你就越糊涂。而身教则相对容易得多，老师给你一比划，你就明白了。

从靠书本练拳受挫的经历中得到的启发是：体育、手工艺、各种劳动技能，当然包括制轮，都是身教大胜于言传，言传又大胜于读书。还有许多门类，例如文学艺术，例如商贸活动、社会活动、政治活动，千变万化，书本的指导当然不无意义，加上身教也仍然适用有限，谈不上都是糟粕，但内含的精华似亦极有限，更多地要靠天赋，要靠素质（香港话叫质素），既要靠经验又要靠悟性，还要靠运气。

《庄子》此章提出了极其有趣而且新颖的说法，但也不全面，因为文字、书籍，在局限性之外也有优越性。书籍往往经过较多的推敲修改，经过作者的精益求精，经过时间和历史的淘汰选择，迄今为止，书籍仍然是文化的最佳载体。可以反过来想一想，如果没有文字、书籍，人类的处境会是什么样子！

近日在一家电视台的讲座节目中，我听到一位青年教授讲，吕不韦式的杂家的出现，意味着先秦诸子百家争鸣的黄金局面的结束。因为《吕氏春秋》虽然有名，却是一个拼凑，它没有自己的学说，不是来自人生来自经验，而是来自书本知识的堆积。他说得很有意味。从书本到书本，而不是从生活到书本，再从书本到生活，不是多次的生活与书本之间的往返与双向交通，那样的学问装饰门面是可以的，但与真实的从人生从世界从经验中得来的学问是没有办法比的。对《庄子》的研读也说明着这一点，如果只是读书、说文、解字，你得到的差不多包含了太多的糟粕。

古人都是活过的人，他们的著述并不是死读书的结果，而是天才地总结各种认识、感受与实践、经验的结晶，只有顺着认识、感受、实践、经验、人生、世界的图纸把这一切联系起来消化起来，你庶几才可以得到真正的体悟。否则，岂不是书读得越多越蠢？

老王说：纵论入世出世、在上在下、有为无为、本根末节、言书情意之道，洋洋洒洒，言无不克。而一个轮扁论斲的故事，一个亦牛亦马的故事，就更令人五体投地，赞叹入迷。两千数百年前，这个庄周与他的弟子，怎么会这样聪明透彻，而且表达得这样潇洒顺溜？而这样一个大明白人的大明白大灵活文章，到了我们手里，怎么能忍心将之变成疙疙瘩瘩的糊涂糟粕？让庄周活过来！让庄周跳起自己的机敏与活鲜的舞步！让老王陪庄周尽显思辨精灵的青春与活力、才华与五光十色吧！

天运：天地与生命的乐章

一个是天，即世界、万物、宇宙与自然；一个是道，即本质、本原、终极与囊括；一个是人，即主体、感悟、追问、悲喜、生命与灵魂。这三者的交错与映衬，认生与相识，互补与互疑，出现了点点光辉，层层波澜，朵朵奇葩。本章是《庄子》外篇中最显满天星斗、满园花木、满目珠玉的一章。你可以设想是作者在从多角度、多层次，乃至在改换着主体的身份设定，来体悟大道，体悟自然，体悟生命。乐章的比拟，刍狗的过期，桔槔的随人俯仰，脚印的不足为据，仁义观念的狭窄局促，水陆与古今的不通，对于相忘于江湖的向往，处处有奇思妙想，处处有入木三分，处处有出人意表，处处有豁然开朗。呵，原来如此！呵，可不是吗！原来你接触的最多是陈迹，鞋印罢了；鞋呢？脚呢？人呢？生命呢？生活呢？让我们一面赞叹着阅读着，一面努力去还原《庄子》的潇洒与活气、人生的热闹与变化吧。让我们以活人的

智慧与激情，活人的多感与调皮，以活人的热力与苦闷去邂逅庄周、揣摩庄周、享受庄周吧！

一　庄子的天问

『天其运乎？地其处乎？日月其争于所乎？孰主张是？孰维纲是？孰居无事而推行是？意者其有机缄而不得已邪？意者其运转而不能自止邪？云者为雨乎？雨者为云乎？孰隆施是？孰居无事淫乐而劝是？风起北方，一西一东，在上彷徨，孰嘘吸是？孰居无事而披拂是？敢问何故？』

『天体是在运转着吗？大地是呆在那里不动的吗？日月是交替地处于天上的相同位置上的吗？由谁来主持这些运转呢？由谁来保持这样的运转呢？是谁无缘无故地推动着、驱动着这些运转的呢？或者这里是不是有一部大机器在那里运转着呢？是因为它们已经运转起来了，想停止也停止不下来了吗？云出现了，它们是为了准备雨而出现的吗？或者雨的出现是为了云的需求吗？是谁在那里聚集雨云，生雨降水呢？是谁无缘无故、没完没了地促进这些天体的运转与天象的变化呢？风自北方刮起，一会儿向西，一会儿又向东刮上了，风儿在高空回转盘旋，是谁在那里吹嘘或者吸纳吗？是谁在那里无缘无故地在吹动它们？这些，究竟是怎么回事？』

这像是美丽的童话，命题可以是『世界真奇妙』。这是一种终极思索，所以用天文学、地理学、数学等是解释不了的。宗教的解释非常简单，由于上帝，由于主，由于佛法，世界就是这样的，世界是什么样就是什么样，不存在为什么的思考与答案。我们还可以这样表达，宗教的解答与不解答是一样的，世界的这个样子而不是别的样子，是由于主，那么主是什么呢？主就是世界的如此这般的决定者。世界的本质化简明化就是主，主的表现与延伸就是世界。

而中国道家的说法介于哲学与宗教之间。道法自然，包括这里开宗明义提出的关于天运的诸疑问诸不解，都不是以一个凌驾于此岸的意志力，一个世界的主人来作结的。在将世界本质化这一点上，道与主的意思相通。而通过对道的『生而不有，为而不恃，长而不宰』（《老子》第五十一章）的特点的强调，即强调道是无心的，非人格化的，是无为（而无不为）的，道的自然而然的特点，道的与大自然同质同步同格的特点便突出出来了。道不是掌管你、保佑你、惩罚你的主子，而是自然存在着，自然运动着，既以万物为刍狗，又是给万物降下均匀滋润的甘露的至高至上、无穷无尽的源头、归宿与本质。

道是你部分的生命，你的一部分，你是道的见证，你是道的一部分，道就是你，你就是道，道就是一切！

这里的对于天运的诸疑惑诸不解，通向的不是颓废与失望、绝望，不是饥不择食地跪倒向主膜拜，不是对于自己难以理解的天运的咒骂与哀号，它实际上是变相的颂歌，它在歌颂，伟大的天体天象啊，谁也说不清楚你的原委，谁也改变不了你的运转，谁也增减不了你的存在，谁也作用不到你的身上（王按，那个时期还不可能产生人类活动造成气候变暖这一类的问题与关注）。这也是一章天问，是哲学、终极关怀与文学感应相结合的产物。它给人的感受是天真、纯洁、美感与高耸感。我读这一段的时候常想，我们为什么没有一首这样的歌儿或儿歌呢？唱道：天其运乎？地其处乎……云者为雨乎？雨者为云乎……敢问何故？

好在我们有《卿云歌》：『卿云烂兮，纠缦缦兮，日月光华，旦复旦兮……』《卿云歌》好就好在它不问为什么，而是在赞美有什么、存在什么与怎么怎么。『日月光华，旦复旦兮』，这已就值得击筑而歌了，为什么还一定要问个

为什么与谁主宰谁管理呢？无主宰、无管理、无用心而世界恢宏如此，运转如此，不是更令人感动不已、赞美不已吗？

花开一春，人活一世，有许多东西你可能说不太清楚为什么与到底怎么了，人不是因为弄清了一切的奥秘与原委才生活的，人是因为询问着、体察着、感受着与且信且疑着才享受了生活的滋味的。不知，不尽知，有所期待，有所失望，所以一切才这样迷人。如果你准确地把握着每一个下一分钟与下一月下一年，就没有悬念也没有票房，没有赞叹也没有好戏啦！

你总可以仰首望天，匍伏在地，歌唱它的日月星辰，风云雷电，四季周转，八方通畅，可以拥抱亲吻也可以怨恨咒骂你人生的种种，最终你还是要与道同在，感动莫名，热泪盈眶，永远赞美，永远满意！

巫咸袑曰：『来！吾语女。天有六极五常，帝王顺之则治，逆之则凶。九洛之事，治成德备，监照下土，天下戴之，此谓上皇。』

巫咸袑说：『来吧，让我告诉你。天有上下东南西北六个方向，地有金木水火土五种元素与它们间的相生相克，帝王沿着这六个方向五种关系来治理，天下大治，天下太平；不按照这六个方向五种关系来治理，天下大乱，天下凶险。能够把九州的事务治理妥当，德行圆满，洞察下面的民情，得到天下的拥戴，这就是古代上皇的理想政治。』

《庄子》里边谈到治国平天下，挑儒家的毛病挑得极棒，一针见血，但是它开的药方却神乎其神，若有若无，什么叫按照六极五常来治国呢？意思是对的，还是自然之道，还是无为而治，然而，还是糊里糊涂。

老庄都善于提问题，批评儒学，但他们的正面主张都失之空疏乃至神秘。也正因为空疏神秘，所以难以驳倒，难以战胜。

二　将仁义虚空化，然后是一片光明纯素

商大宰荡问仁于庄子，庄子曰：『虎狼，仁也。』曰：『何谓也？』庄子曰：『父子相亲，何为不仁？』曰：『请问至仁。』庄子曰：『至仁无亲。』大宰曰：『荡闻之，无亲则不爱，不爱则不孝。谓至仁不孝，可乎？』庄子曰：『不然。夫至仁尚矣，孝固不足以言之。此非过孝之言也，不及孝之言也。夫南行者至于郢，北面而不见冥山，是何也？则去之远也。故曰：以敬孝易，以爱孝难；以爱孝易，以忘亲难；忘亲易，使亲忘我难；使亲忘我易，兼忘天下难；兼忘天下易，使天下兼忘我难。』

宋国的太宰荡去请教庄子对仁的看法，庄子说：『仁如果说是一种品德，那么连虎狼也是具有的。』问：『怎么讲？』庄子说：『父子相亲爱，不就是仁吗？（虎狼的父子不也可以相亲爱嘛。）』问：『我说的是更高端的仁。』答：『高端的仁是不讲亲缘、亲近关系的。』太宰说：『我听说，不讲亲缘、亲近关系就没有爱，没有爱就不会有孝。按您所说，高端的仁是不讲孝道的，行吗？』庄子说：『并非如此。高端的仁是很崇高的，孝不孝的标准根本不足以表达仁的内涵。这并不是责备否定孝道的言论，而是早已超越了谈孝、用不着谈孝、认为谈仁不必及孝的言论。一个人往南走，走到了郢的都城以后，就看不到冥山了，为什么呢？他走得太远了。（一个人已经达到高端的仁了，还看得见或者还需要谈论孝吗？）所以说，以尊敬的心情去尽孝比较容易做到，以爱心去尽孝，就难一些；以爱心去尽孝还算容易，能够忘记亲疏远近的关系一律以仁爱待之，能够把孝提高到仁的高度，就更难一些了；忘掉亲疏远近的关系也还算容易，

让亲人干脆忘掉自己如何如何之孝呀仁呀孝啊也还算容易，与此同时能够把天下、权力、地位、各种庸人在意的讲究说法……也忘到一边更难；把天下忘到一边也算容易，让天下人干脆连自己的一切美德、伟大、权威、功绩也忘掉了那才真叫难呢。』

不少专家、老师、前贤解释『此非过孝之言也，不及孝之言也』，是说太宰荡的言论并没有超过孝，而是没有达到孝的高度。这样的解释与出自《论语》的成语『过犹不及』一致。我则宁愿作相反的解释，把『过』当作『责备其过』讲，把『不及』当『不涉及』讲。既然谈的是至仁，早就超过了连虎狼都可以本能地做到的一般的亲爱孝道了。就像在讨论一个人的博士学位与教授职称认证时，可以不涉及他的学前幼儿教育与初小教育是否得到公证承认的问题。这里的所谓庄子宣讲的至仁，是一种高级的得道从而得到一切的境界。至仁则与道通，道就是一切之至，一切之最高端、最终极。仅仅说说亲爱，那是连动物都有表现的状态，仅仅是动物的天性罢了。这样，底下的到了郢都看不见冥山了也才好说通。请识者教之。

后来的推演句式极漂亮，如登高山，移步换景，浩荡高明，揽星抱月，云蒸霞蔚，浮想联翩，飞升仙界；如练轻功，旱地拔葱，噌噌复噌噌，一层又一层，最后达到了一片空明的无我之境。出于尊敬之孝，未必真情，但有对于礼法价值的敬畏，有随大流的习惯，有理解的要执行不理解的也要执行的服从性，易于做到，但不那么纯真。出于亲爱之情而孝，也还易于做到，但仍非广被博大，不无私心。无私大爱，相当高尚了，犹难免作秀或追求『正确』、迎合群体或主流舆论之动机。能够不求回报，令被爱被孝被仁的一方忘掉你，境界自是不同。不求回报，不留姓名，也就够好的了，再能够做到不是由于你是大宰即太宰，不是由于你身负重任，明明白白地需要阁下兼济天下，而是超越自己的地位、责任、权力，即忘却天下，忘记个人，兼忘天下，只是我行我素地做到了至仁，当然又高明远去啦。仍有更高：从不在意自己的伟大行为、崇高记录、效益、影响、回报，最最不愿意让天下人记住自己，不愿意、绝对不接受天下人对自己的致敬、致谢、树碑立传、修纪念馆、颁布荣誉称号；同理，也就不去理会误解、攻击、嫉妒、进谗，哪怕是泼来一桶又一桶的脏水。这样，才算达到了逍遥的标准，达到了自身的完全解放。从中我们可以体味，逍遥不仅是一个快乐的标准，更是一个无私无我无有无无的品德与哲理的境界。

这一段说易评难的递进式抒情——议论文，再次论证了老子的『为道日损，损之又损，以至于无为』（第四十八章）的道理，也再次沉浸了庄周的高了还要再高的立论风格。最高的境界是空无，绝了！忘记这个忘记那个，最后是一片虚无空明、辽阔自如的状态。庄子极讲究这个心功，即提高了再提高，扩大了再扩大，单纯了再单纯，物我两忘，天人合一，好啊。

『夫德遗尧舜而不为也，利泽施于万世，天下莫知也，岂直太息而言仁孝乎哉！夫孝悌仁义，忠信贞廉，此皆自勉以役其德者也，不足多也。故曰：至贵，国爵并焉；至富，国财并焉；至愿，名誉并焉。是以道不渝。』

庄子接着说：『即使在德行方面继承了尧舜的精神遗产，也无意一定要做什么。（因为我已经忘却了天下，无意去经国济世。）我的行为为一代又一代后人谋取了福祉，天下并无人知晓。天下运行自然正常幸福快乐，天下已经忘

记了一切外加的理念说词。天下已经遗忘了我的存在，这才是最高的境界，哪里值得动情大言不惭地喘着大气谈论仁呀孝呀的呢？这个孝呀悌呀仁呀义呀，还有忠呀信呀贞呀廉呀，作为理念自己勉励自己，做到高度的自律，追求个人的道德高度，这当然是好的，对别人白话得太多了却并无必要。所以说，真正的高贵，才不考虑（「并」是摒弃之义）什么爵位呢；真正的富足，根本不在意什么财宝；真正的愿景里，是没有名声美誉的地位的。这样的无缺陷、无粘滞、无污点的道，才是至高至上的道。』

非常先进的，我几乎要说是现代的思想观点了：道德主要是自律的问题，孝悌、仁义、忠信、贞廉等等，自己应该学习之、力行之，但是不要动辄用这个来要求别人、衡量别人、责备别人，搞人肉搜索，也不能仅靠道德理想来要求社会、衡量社会、责备社会、运转社会。管理社会，还是要靠法制。以泛道德论治国，有它的理想主义的魅力，但不现实，而且容易成为不同政治利益驱动的互相攻击的口实。在一些亚洲国家和地区，声称要搞民主政治的人，常常发生这种道德旗帜下的党派之争。我们自身也面临同样的争议，孝悌、仁义、忠信、贞廉，当然好，但是难以用它们来组织公共管理与人民生活，尤其是经济生活。而法律完备、规则细致、公平交易、明码标价、手续严格、操作准确、奖惩分明、正当竞争等等，从道德的观点来看也许远非理想、完美、高尚，然而，它们符合发展生产力与市场经济的要求。

这一段中，对于一些道德的讲究，『自勉以役其德』很好，『不足多也』的说法，比老庄书籍中有的地方干脆否定仁义、孝悌的话其实更有说服力，更实事求是。虽然那些猛批仁义道德的字句更过瘾，更刺激，更彻底。老王认为，读书不妨过瘾，但思辨和行动必须求实。

至贵并（通摒）爵、至富并财、至愿并名的说法太有魅力了。真正的高贵岂能乞求与期盼封赏？真正的富足岂能致力于财货？真正的内心的愿望与追求，岂能在意俗世俗眼的无常毁誉？至人无物，这才是根本之处。一切有条件有所期待的快乐与价值，都还不到家，都不算至。这里再次显示了《庄子》自我救赎、精神自救的决绝的努力。

三　大道与自然的宏伟交响

北门成问于黄帝曰：『帝张咸池之乐于洞庭之野，吾始闻之惧，复闻之怠，卒闻之而惑，荡荡默默，乃不自得。』

帝曰：『汝殆其然哉！吾奏之以人，征之以天，行之以礼义，建之以太清。夫至乐者，先应之以人事，顺之以天理，行之以五德，应之以自然，然后调理四时，太和万物。四时迭起，万物循生，一盛一衰，文武伦经，一清一浊，阴阳调和，流光其声。』

黄帝之臣北门成问黄帝说：『黄帝您在洞庭的田野里大张旗鼓地演奏咸池之乐，我一开始听着很有些震惊恐惧，再听一会儿放松下来了一些。最后呢，听着却有些困惑不安，空空洞洞，静静默默，心神不定，难以自持。这是怎么回事呢？』黄帝说：『估计你大概是会有上述反应的吧。我呢，请来奏乐的是人，而人的灵感启示来自天的运行、天的格局与节奏，并根据礼义的要求来进行演奏，呼应于高天太清。这个真正的最高的音乐，它首先反映着应和着人间诸事，依据金木水火土五行运作，又反映着应和着自然，调理春夏秋冬四季，从终极处、根本处协和万物，对于世界作出总体的反响。于是在音乐中（或随着音乐），春夏秋冬四季依次运行，万物也按一定的格局而出现、活动，有盛

有衰，有文有武，有清有浊，阴阳调和，在时间的流动中表现出声音的流动迭替。』

这里出现了一大段『乐论』，归根结底仍然是道论。依中华的整体主义、本质主义、一元论的追求与崇拜，乐之道与修齐治平之道、天地之道以及兵道（法）、拳道，如果到了日本则还要加上柔道、花道、茶道，老王还愿意给日本人加上俳句道等等，是统一的。这里黄帝主持或推动的咸池之乐，仍然是自然与世界，天运与人运的反映。它反映四时、五行、六合、八卦、日月、阴阳、清浊，以及人事中的生死、盛衰、文武、和战、沉浮、正邪、爱憎、悲欢……其实西洋音乐也常常是反映这样的大自然、人间、外部与内心世界的，也是表现或再现这些东西的。例如许多西方作曲家的套曲的命名是『四季』。例如贝多芬的第五交响乐曰《命运》，我们完全可以用『始闻之惧，复闻之怠，卒闻之而惑，荡荡默默，乃不自得』来形容自己欣赏『贝五』的感受。至于民族器乐《春江花月夜》与《高山流水》呢，不正是『调理四时，太和万物。四时迭起，万物循生』，『阴阳调和，流光其声』吗？柴可夫斯基的《1812序曲》不正是『一盛一衰，文武伦经』吗？

音乐是时间的艺术，正如造型艺术是空间的艺术一样，《庄子》这里早就发现了这一点，很有意义。有那么几十年，我国上上下下喜欢讲生活是艺术的源泉，这与我们信奉的唯物论世界观有关，但此段的《庄子》，主张的是，天、自然、太清是音乐艺术的最高源泉。如果说在孔子那里音乐首先表现的是礼法、教化、尊卑秩序、精神服从与和谐仁爱，那么在庄子这里，对于音乐的感受首先是夹杂着膜拜的艺术欣赏与感动，然后旁及礼义、四时、五行、文武、治乱、人心……大哉斯乐！如果说今天主张生活是唯一源泉，可称之为眼睛向下的艺术起源论，那么庄子的天乐论，可以说是眼睛向上的起源论，带着几分宗教气息，比具体的某一种教门又宽阔些。

外篇的这一段，真应该列入音乐学校的教材。

至于有关咸池与咸池之乐的说法很多，有谓是黄帝制作之乐的，有谓是唐尧时期的音乐的。咸池，则有所谓日浴（落）之处、星名、桃花……诸说不详。是一个上古的音乐的符号吧。另从文义看来，那个时候的音乐似不是指民间的东西，而礼乐同论，应是指上层举行什么盛典时的行礼如仪之官方大乐也。

『蛰虫始作，吾惊之以雷霆；其卒无尾，其始无首；一死一生，一偾一起；所常无穷，而一不可待，汝故惧也。』

黄帝继续论述惧、怠、惑——震惊、顺应、迷茫的三段听乐之感受。他说：『乐章的开始犹如以雷惊蛰，雷声自天而降，它的开始没有头，它的结束没有尾；一下子如同死亡，一下子如同生还，一下子如同倒下，一下子如同起立；乐声与乐感无止无休，但你找不到统一与连续，找不到方向感，所以你会恐惧。』

庄子有过如此伟大的音乐构想，无头无尾，亦死亦生……为何我们长久以来，音乐创作有时相当拘谨和重复——缺乏新意呢？

『吾又奏之以阴阳之和，烛之以日月之明；其声能短能长，能柔能刚；变化齐一，不主故常；在谷满谷，在阬满阬；塗郤守神，以物为量。其声挥绰，其名高明。是故鬼神守其幽，日月星辰行其纪。吾止之于有穷，流之于无止。予欲虑之而不能知也，望之而不能见也，逐之而不能及也。傥然立于四虚之道，倚于槁梧而吟。目知穷乎所欲见，力屈乎所欲逐，吾既不及已夫！形充空虚，乃至委蛇。汝委蛇，故怠。』

『我接着让他们演奏的是阴阳的调和与激荡，以日月的伟大光明照亮了音响，它们的声响、旋律、节奏或短或长，能柔能刚；变化中有自己的一贯的方向，供人把握，稳稳当当，同时又与时俱化，不粘不滞，推陈出新，久远恒常；乐声来到山谷，就会使得山谷充满精神，乐声传到大院，就会使得大院充满气象；你听了会屏神静气，为乐声的充实而感动折服。这样的乐声宏伟大气，这样的音质崇高响亮。它既是表现了鬼神幽居之飘渺，又是表现着日月星辰各行其道的辉煌。即使因有形世间的穷尽而暂时停止我们的演奏，音乐的情感神韵仍然在运行无疆。你意欲思付这样的乐曲，却难以把握它的详尽内容；你想看见这样的乐声所指吧，却看不见什么模样；你想追逐与得到这样的乐境，却无法达到，总是够不到地方。你只能站立在四面空荡荡的路口，倚靠着一株枯槁的梧桐树而吟咏歌唱。眼光与智力因想见未见而穷尽，体力与劲气因想够却够不着而无望。（你会想，）我是真的赶不上我的音乐的啊。这样，形体因空虚无物而委蛇弯曲，你已经委蛇弯曲随顺一切了，当然心态也就放松缓冲下来了，也就是随形就状。』

这里老王用散文诗的文体，用白话韵文来模仿黄帝所说的话。黄帝的话简直像一个乐队指挥在讲解自己对于乐章的理解，像置身在卡拉扬与小泽征尔的大师级课堂。说句笑话，中华文化的整体主义传统，使得黄帝老祖已经抓起文艺抓起无标题音乐来了，而且抓得如此精彩。这里所说的这些感受，用来讲欣赏音乐，实在贴切，而且雄浑丰赡，气势不凡。你会觉得这是巴赫、贝多芬、马勒，至少是李斯特的曲目，而不是被米兰·昆德拉攻击的所谓媚俗的浪漫主义的柴可夫斯基与勃拉姆斯。

有的版本上『子欲虑之』的『子』作『予』，即第二人称处作第一人称。但惧呀怠呀惑呀都不是黄帝提出来的，而是复姓北门名成的臣子讲述自己的感受的话，因此即使这里用第一人称，应该仍然是黄帝为北门成设身处地而说的第一人称，等于是说你会这样感受这样想……之意。再说，不论是中国古文，还是现代西文，都常常将人称代词当作可移换的『代』词来用，你我他可以自由地转过来移过去。

更正确地说，这里讲的不限于音乐，这是真正的生命体验，是信仰与膜拜的体验，是大道的辉煌，是万物万象的辉煌，也是个人的皈依，是听到了天乐，是看到了佛光，是与大道合为一体，是祈祷与礼赞，是跪拜与洗礼，是走到了——也是永远到不了的天堂，是生命的无限扩张。

『吾又奏之以无怠之声，调之以自然之命，故若混逐丛生，林乐而无形；布挥而不曳，幽昏而无声。动于无方，居于窈冥；或谓之死，或谓之生；或谓之实，或谓之荣；行流散徙，不主常声。世疑之，稽于圣人。圣人者，达于情而遂于命也。天机不张而五官皆备，此之谓天乐，无言而心说。故有焱氏为之颂曰：「听之不闻其声，视之不见其形，充满天地，苞裹六极。」汝欲听之而无接焉，而故惑也。』

『我又演奏起不那么轻松舒缓的乐段来了，我这里又响起了自然造化的声响，调理引进了生命的涌动，各种声响相随相冲，从生共鸣，声响如林（王按，这只能是交响乐啊），乐声似乎杂乱漫涣，不能成形；声音散布挥洒，但并不拖拉（或没有哪只手哪根绳牵引着它），声音变得含蓄，似渐渐平静，不再扬声，而感情随之走向幽暗昏冥。音乐的运行，未必有一定的方向与目的，音乐的居留，也是悠远模糊无定；你可能以为音乐已死或音乐在表现死亡，你可能以为音乐已经生还或者音乐在表现降生；你可能以为它表现的是果实累累，你也可能以为它表现的是花瓣纷纷；乐

调不拘一格，你抓不住它的调子调性。世人对于这样的音乐有点听不惯，听不清，就去圣人那边讨教问询。圣人呢，他听到的音乐是情感，他跟进的感受是生命或命运，他最懂得性情与运命。并没有什么人什么人为的力量特意去开动、动用天之机制，而在这样的音乐面前，圣人感到的是五官满足，感觉充盈，这样的音乐乃是天乐：天大的音乐，天生的音乐，非人力所能成就的上天赐与的音乐。不必用话语去解释这样的音乐，这样的音乐已经告诉了你一切，给你以欣悦无穷，这就行了。所以有焱氏即神农氏为这样的音乐歌颂道：「听，你听不出它的调门，看，你看不到它的外形，它充满于天地之间，它囊括了上下左右前后恒永。」你想好好听听却又没抓没挠，所以会感觉茫然而惑，所以会有无尽的感应。」

我完全不能想象庄子时期所讲的咸池之乐是个什么状况。但是这些描写，只能是交响乐，多半是无标题音乐，很可能是接近于现代派的无调性（Atonal）音乐。调性就是我们说的什么C小调、E什么什么调之类，一共二十四个大小调，形成自己的一个能够判断得出的音阶系统。有了调性，聆听也就有了方向感，它会形成听者的一个预期与听觉的准备。但庄子通过黄帝，大讲了一回混逐丛生、布挥不曳、动于无方、居于窈冥的音乐来，这未免过于现代或者后现代了吧？你找不到音乐的主与从，找不着工尺，找不到宫商角徵羽了，可就玩大发啦。

如果是我的牵强附会呢？那么，实在对不起，我还至少要再次强调，这里有若干例证，有可能的巧合：早熟的老庄之道，恰恰与现代与后现代的某些观念观感可以链接。这一段对于音乐的描写，恰恰离着西洋的交响乐、无标题音乐、现代后现代音乐比较靠近，而距离民族的相对单纯明快得多的乐曲（诸如《高山流水》《十面埋伏》《渔舟唱晚》……）远。

我希望今天的作曲家能够以《咸池》为题，作一部民族交响乐。

或者可以有一个比较容易接受的解释，中国的整体主义、本质主义是有它的道理与妙处的，《庄子》对于咸池之乐的传述，侧重的不是音乐本身，而是大道，是世界的本源，是生命的体验，是人生的心路历程种种。内篇中，《庄子》已经大讲天籁，天籁当然不仅仅是音乐，而且是自然与生命。庄子天才地描绘了生命的惧、怠、惑，也就是天才地描绘了天籁音乐的三大乐章：第一乐章是威严的开始，是第一主题的展示宣喻及与第二主题挑战的碰撞。挑战与反挑战，何能不惧不惊？第二乐章是抒情的慢板或者行板，也许还包含了谐谑与民谣、舞曲。第二乐章是生活的懒散与享用，是愉悦与放松，是顺应与休闲。第三乐章是「天问」风格的稀奇、变奏与杂糅。第三乐章的主题是难解难分的遗憾与困扰，是精神的电闪雷鸣！伟大的交响乐与伟大的长篇小说、伟大的建筑群落、伟大的感悟与信仰体系一样，它就是人生，它就是生命，它就是一切——无穷与永恒，有形与刹那。它就是上帝与魔鬼，它就是共舞与共鸣。

「乐也者，始于惧，惧故祟；吾又次之以怠，怠故遁；卒之于惑，惑故愚；愚故道，道可载而与之俱也。」

「音乐（或是咸池之乐）这个东西，从震惊恐惧开始，由于震惊恐惧所以有所搅乱纷扰，需要在后续的演奏中为之松弛一番心胸与神经；放松了，心思就走神了，就实现自我的逃避去了；结束演奏时，要结束在困惑、思索、探寻之中；困惑了，思索了，探寻了，你觉得自己不懂得什么，不知道什么，有点迷迷瞪瞪了，傻眼了，也就与大道贴近了，你也就可以承载，可以接受大道，可以与之沟通相接乃至与之同在了。」

惧、祟、怠、遁、惑、愚、道，这个七字真言也算是一个精神的历程，悟道的历程。佛陀也是大致如此，他在宫

中的诸般痛苦，就是惧与祟，他的菩提树下的冥思苦想，就是怠与遁。这里的遁应该不仅是消极意义的逃脱，而且是积极意义上的探求与提升，遁入空门，从俗世的观点看是逃遁，从佛法的观点看是觉悟，是精神的飞跃。而佛陀终于在公元前五三二年四月十五月圆日三十六岁时，在菩提伽耶的菩提树下发现了无常、无我的真理，放下了执著，达到了究竟解脱，得到了究竟果，完成了人生的目的，也就相当于惑而愚，愚而道，道则载而与之俱。载而与之俱，即是人感悟了道，人载了道，也是道接受了人，道载了人，人与道俱，道与人同。

真理与信仰是怎么样获得的？菩提树下的冥思苦想是一条路。精研学问包括自然科学，终于明了了更高更多更无限的大道，完全可能。兼数学家、科学家、哲学家而教主的事例多多，如罗素，如贝克莱。杨振宁、钱学森也都有这方面的倾向。政治、商业、社会事业与个人祸福上的巨大起伏，如《红楼梦》上所说的翻过几个筋斗，也能帮助人走向精神的巅峰。甚至于一场大病，一次车祸，一回地震，也足以使人从日常的眼皮子小得小失中跳出来，想点终极、形而上、无穷大。那么我这里要说的是，艺术，尤其是音乐，绝对能够帮助我们体验平日体验不到的东西，包括恐惧与作祟，痛苦与不安，逃遁与升华，疯狂与平静，折磨与逍遥，愚蠢与清明，永恒与无穷，至高与至圣。沉浸在音乐里，你会得到从书本从老师那里得不到的东西。我虽然还没有从欣赏音乐中大彻大悟的经验，但是早在五十多年前，我开始写第一部长篇小说的时候，由于无法解决其结构问题而精神几乎崩溃，正在此时，我在南池子中苏友好协会的音乐厅听了新到的唱片，是肖斯塔科维奇的交响乐新作，我恍然大悟，我明白了什么叫长篇小说的结构啦。应该说，我明白了人生与世界的结构啦！

四　人不该作茧自缚

孔子西游于卫，颜渊问师金曰：『以夫子之行为奚如？』师金曰：『惜乎，而夫子其穷哉！』颜渊曰：『何也？』师金曰：『夫刍狗之未陈也，盛以箧衍，巾以文绣，尸祝齐戒以将之。及其已陈也，行者践其首脊，苏者取而爨之而已。将复取而盛以箧衍，巾以文绣，游居寝卧其下，彼不得梦，必且数眯焉。今而夫子，亦取先王已陈刍狗，聚弟子游居寝卧其下。故伐树于宋，削迹于卫，穷于商周，是非其梦邪？围于陈蔡之间，七日不火食，死生相与邻，是非其眯邪？』

孔子西行到卫国游说，他最心爱的弟子颜回问当地一位姓（或名）金的太师：『您看先生这次的出行会怎么样呢？』金太师说：『好可怜呀，你的先生算是穷途末路了。』颜回问：『为什么这样说呢？』金太师说：『你看，当祭祀用的茅草扎的猪狗还没有陈列到位的时候，它们被像模像样地摆放在特制的竹筐里，盖着它们的是绣着花纹的丝巾，主持葬礼的巫师斋戒沐浴以后，引领护送着它们到位。等葬礼完了，刍狗用完了，茅草扎的玩意儿任凭行人踩踏脑袋身体，任凭打柴的人拿它们去烧火做饭。如果你该抛弃的时候不抛弃，再把它们放回竹筐，再盖上绣花丝巾，你再游乐睡眠在它们旁边，你即使不做噩梦，也要遭受魔魇，心神不安。如今的孔夫子，他就是把先前的王朝早已用过的茅草猪狗陈列起来，聚集起你们这些学生，生活歇息在这些过时的东西旁边。这样，你们在宋国受到伐树之辱，在卫国被驱逐，在商周无路可走，这不就是噩梦吗？而你们在蔡国受困，七天不能生火做饭，出生入死，这不就是梦魇与心神不安吗？』

刍狗的启示应起源于老子的『天地不仁，以万物为刍狗』（第五章）。刍狗的命运曾经引起了老庄的深思，说起来不无刺激，老子说的是用完了就烧，说的是个体生命的必然死亡、万物皆有其始皆有其终的悲剧性。庄子说的则是

它的神力与地位的时间性，当时神气活现，过期就要作废。英语里也最讲究一个 available，即是否有效。

这里所谓金太师认为不仅是刍狗，世上万物万象都有自己的时限，过了期的东西，再死乞白赖地不撒手，就会带来噩梦、梦魇。这一段文字中还包含着，过了期的东西再朝夕相处，不祥，原来的吉祥会变成晦气，原来的神明会变成妖魔的意思。这个说法不但精彩而且漂亮：从心理上说，人往往会怀旧，会舍不得与过往告别，深层次讲是人在留恋生命，留恋自己的过去。可以理解，但不足为训。人同时不宜与过了期的一切难舍难分，过犹不及，老是生活在过往的阴影中，你已经不合时宜，你已经讨嫌而且晦气。该拜拜就要拜拜，该埋葬就要埋葬，该火化就要火化，当然，也可转为文物收藏，进博物馆或者艺术柜，叫做该怎么纪念就怎么纪念。所谓进入永恒，所谓流芳千古，其实既有牢记不忘的含义，也有高高捧起挂起、拜拜了您哪、好便是了的含义。这也算是符合天道天运吧。

抱着过时的东西、失效的东西，自寻烦恼，自做噩梦，如果是文人，多愁善感地作挽歌悼词，赚几滴酸苦的泪水则或不妨，如果是做实际事务的人，则只能是自找倒霉，甚至贻笑大方。

刍狗的时效问题，这个寓言是通篇《庄子》中最耐咀嚼的故事之一。除了过期作废，不必恋栈更不必代刍狗恋栈以外，它还说明，看起来，尊敬乃系由被敬者、受敬者全部享用，于是被尊敬者可以神气活现，可以颐指气使，可以无限膨胀，但其地位其实决定于正在实行尊敬崇拜、行礼如仪、欢呼万岁的群体或规则、人气，乃至偶然。实际上被敬者是为希望达到某种目的的人群所利用，用完了你吗也不是，踩也就踩了，烧也就烧了，丢也就丢了。丧仪上用的纸人纸马、茅草猪狗，当大家恭恭敬敬行礼如仪时，它们凌驾于众人之上，是何等地伟大、崇高、威严、神秘。仪式完了，全无用处，不值一文。过河拆桥，人间有此种事，丧仪所用的神品，也逃不过这样的命运。呜呼，人间这样的事有多少，在有效期间威猛莫名的大人物，过期以后落一个万人唾骂的下场。不仅 VIP，就是影星歌星蹿红走运之时，还有体育明星为国争光为民解气、冠军金牌之时，可以粉丝无数，万众欢呼；而一旦过期，还有多少人理你？甚至网上一片嘲骂，也是难免的。

人处于顺境时千万不要忘记，你很可能只是由于丧仪的需要而被临时特别抬举了一下的刍狗而已。

也许我们还可以想到，刍狗的伟大是造神的产物，而如果神是造出来的，那么神也就一定可以轻而易举地被废弃污辱。盛衰荣辱浮沉，有时候竟是赶上什么算什么，没有太多的道理可讲的呀。

在上一章《天道》的结尾讲了精彩的轮扁论斲的故事后，这里又讲了刍狗的有效期限的故事，这对于克服教条主义、原教旨主义应该有点警示作用。问题是《庄子》同时又宣扬越古越好的思想，古代名家照样有自相矛盾的地方，固难免也。

『夫水行莫如用舟，而陆行莫如用车。以舟之可行于水也，而求推之于陆，则没世不行寻常。古今非水陆与？周鲁非舟车与？今蕲行周于鲁，是犹推舟于陆也，劳而无功，身必有殃。彼未知夫无方之传，应物而不穷者也。』

『走水路要用舟船，走旱路最好是用车。由于舟船在水面上走得成功，便想将舟船推广到陆地上应用，那你走一辈子也走不出去几尺。我们比较一下古今，其差别又岂少于水与陆之别？周朝的礼法制度与鲁国的区别又岂小于舟与车？如今孔子硬要把周朝礼法制度的一套推行到鲁国来，这与推着船行走旱路有什么区别？当然劳而无功了，而且只能自找苦吃自找祸患。他怎么硬不明白，理念法度随着外物流传变异，无尽无休，并无准谱准稿子的道理呢？』

先是讲古今之辨，从时间的纵坐标上分析照搬周礼周制的荒谬性。再以水路旱路为例，从空间的横坐标上讲『无方之传，应物而不穷』，即没有固定的既成格式来规范流传，一切应随世界而变化无穷。前一段刍狗的例子，讲的是时限性，同样的一套设备、观念、礼义、法度，过了期就不能用了，用之则凶。这里又从舟车的例子，讲空间与条件对于有效性的规定，也可以称之为地限性。不管多么好的东西，适合你的国情、乡情、民情，就可能是有效的，而如果不符合你的国情、乡情、民情，则必定是无效的。无效了，即不能通过实践的检验，你再说下大天来也没有用，只能闹笑话了。

这一段对孔子志在周公周礼的批评是相当致命的，对于一切整日价慨叹今不如昔，慨叹世风日下、人心不古的人来说也是致命的。读到这一段，你甚至会想到，这里树立的靶子，即所谓的孔子怎么会这样蠢？到了二十一世纪如果还有人想搞什么『半部《论语》治天下』，不更是不可思议了吗？

当然，《庄子》中也有向后看的先王乌托邦，如《马蹄》中所述的那种先民理想国。庄子在批评孔孟的时候，不是也应该扪心自问，反思一番的吗？

『且子独不见夫桔槔者乎？引之则俯，舍之则仰。彼，人之所引，非引人也，故俯仰而不得罪于人。故夫三皇五帝之礼义法度，不矜于同而矜于治。故譬三皇五帝之礼义法度，其犹柤梨橘柚邪！其味相反而皆可于口。』

『你再看看那个用桔槔的人吧，拉一拉桔槔就低下去了，放开手桔槔就扬起来了。这种机械是被人所操作引导的，不能用它来引导人。所以不论是低身还是扬头，桔槔是不会被什么人开罪的。所以说，三皇五帝的礼义法度，其价值

不在于它们的彼此相同，而在于它们的治国平天下的功效。三皇五帝的礼义法度，恰恰如同柤梨橘柚，这些水果的味道完全不一，但都很中吃。』

非常深刻也非常『现代』，戏将『现代』二字用在这里的意思是它常读常新。人要操纵桔槔，但是不要被桔槔操纵，这就是反异化思想的萌芽。理念、理论、礼法、价值、制度，乃至于旗帜、号角，就如桔槔，你拉动它就俯首，你放开它就高扬，它应该为人所用，人不能为它所用，不能由它操纵，更不必怕得罪它。

以人为本，包含着一个用意，即保持人的主体性。但是为什么人常常会俯首帖耳，被自己制定的东西框住管住卡住噎住呢？从某个角度来说，这方面最明显最突出的例证是语言的异化，即人创造的语言变成了人的主宰、人的上帝。就拿上面讲过的礼义法度、理念理论、价值信仰、制度法则、旗帜号角来说，其中任何一个词都比一个个体的人显得更伟大也更持久，尤其是语言可能比现实更具神性。现实太实太具体，而语言抽象，一抽象就伟大完满了！美丽一词往往比任何具体的美女更美丽；高大一词往往比任何具体的大块头更高大，尤其是更完美；真理一词更比任何宣称自身是真理的化身的人更靠得住。它——语言有可能被一群人而不是一个人所掌控，有可能被一个人或一群人所喜爱所激赏，让他或他们五体投地。而且这一群人当中，蠢人完全可能多于智者，偏见可能比真理更有市场，无知盲目的冲动比理性的判断更有煽情力……到那个时候，用语言祭起的桔槔就可以被神圣化，比发明它、使用它的人更有力，就可以反过来抡成大棒，要发明它、使用它的人的命。

人为自己的创造物所制服，例证还有很多，例如有些原始宗教的祭天制度，中国历史上有过的为河伯娶妇制度。

神话、迷信、规矩，都是人制造出来的，然后时有可怜人会成为它们的祭品。呜呼！人类什么时候才能真正做到自己是自己的主人呢？

『故礼义法度者，应时而变者也。今取猿狙而衣以周公之服，彼必龁啮挽裂，尽去而后慊。观古今之异，犹猿狙之异乎周公也。故西施病心而矉其里，其里之丑人见之而美之，归亦捧心而矉其里。其里之富人见之，坚闭门而不出，贫人见之，挈妻子而去走。彼知矉美而不知矉之所以美。惜乎，而夫子其穷哉！』

『所以说礼义法度，是与时俱进，随时代的变迁而变迁的。今天如果找到一身周公的服装给猿猴穿上，这只猴子肯定是又撕又咬，扯襟断袖，无法接受，不把它彻底毁掉是不算完的。让我们看看古今的区别，正像是猿猴之与周公的不同。西施由于心口疼痛，常常皱眉捧心而立，本村本街的人看到了觉得她很美丽，于是一些丑女也学着样儿皱眉捧心而立。本村本街的富人见了，反感得闭门不开，怕受不了她们的丑样儿；穷人看到，带上妻子儿女赶紧避开，实在是恶心得受不了啦。她们只知道皱眉头好看，却不知道好看的原因在哪里。可怜呀，孔老夫子这回算是无计可施啦。』

《庄子》的文体追求华丽、丰赡与淋漓尽致。举了刍狗的例子讲时限性，举了舟车的例子讲空间性，举了桔槔的例子讲主体性与反异化，再举了水果的例子讲多样性，反对千篇一律，这里又讲起猿猴穿衣与东施效颦的故事来了。周公的服装再好，不适合猴儿的要求。西施捧心的姿势再美，不能由东施来照搬。这样的故事寓言，甚至有几分黑色幽默呢。

五　仁义可以临时借居，不可久宿

孔子行年五十有一而不闻道，乃南之沛见老聃。老聃曰：『子来乎？吾闻子，北方之贤者也，子亦得道乎？』孔子曰：『未得也。』老子曰：『子恶乎求之哉？』曰：『吾求之于度数，五年而未得也。』老子曰：『子又恶乎求之哉？』曰：『吾求之于阴阳，十有二年而未得。』

孔子年龄已经五十一岁了，没有学到大道，就到南方的沛地去找老聃。老子说：『呵，你来了，听说你是北方的贤人啊，你也学到大道了吗？』孔子说：『唉，别提了，没学到呀。』老子说：『你是怎样学的道呢？』答：『我先是从典籍法度、规则秩序中学，学了五年，没有什么收获。』老子问：『你又怎么样去求学于道术呢？』答：『我又从阴阳物相的相反相成中研究道术，过了十二年了，没有什么收获。』

社会运转、典籍法度、规则秩序，不等于大道，也不可能完全脱离大道。万物万相、阴阳五行、天地日月、相生相克，也不等于大道，其实离大道是更近了些。所以说孔子用了十二年时间研习之，已近道矣，奈何未得？差的是最后那一点悟性与形而上的激情噢！

老子曰：『然，使道而可献，则人莫不献之于其君；使道而可进，则人莫不进之于其亲；使道而可以告人，则人莫不告其兄弟；使道而可以与人，则人莫不与其子孙。然而不可者，无佗也，中无主而不止，外无正（同证，王注）而不行。由中出者，不受于外，圣人不出；由外入者，无主于中，圣人不隐。』

老子说：『是的，如果道是可以用来献礼上呈的，那么人人都会向他的国君献道了；如果道是可以用来进贡拥有的，神话、迷信、规矩，都是人制造出来的，然后却有可能人会成为它们的祭品。呜呼，人类什么时候才能真正做到自己是自己的主人呢。

「故礼义法度者，应时而变者也。今取猨狙而衣以周公之服，彼必龁啮挽裂，尽去而后慊。观古今之异，犹猨狙之异乎周公也。故西施病心而矉其里，其里之丑人见而美之，归亦捧心而矉其里。其里之富人见之，坚闭门而不出；贫人见之，挈妻子而去之走。彼知矉美，而不知矉之所以美。惜乎，而夫子其穷哉！」

「所以说礼义法度，是与时俱进，随时代的变迁而变迁的。今天如果找到一身周公的服装给猿猴穿上，这只猴子肯定是又撕又咬，扯断撕碎，无法接受。不把它扯破撕烂是不算完的。让我们看看古今的区别，正像是猿猴与周公的不同。西施由于心口疼痛，常常皱眉捧心而立，本村的人看到了觉得很美丽。于是一些丑女也学着样儿皱眉捧心而立。本村本街的富人见了，反感得闭门不出，穷人看到，带上妻子儿女远离家避开。实在是恶心得受不了啦。她们只知道皱眉头好看，却不知道好看的原因在哪里。可怜呀，孔老夫子这回算是无计可施啦。」

《庄子》的文体追求铺陈、丰赡与精致。举了刍狗的例子讲时限性，举了舟车的例子讲空间性，举了桔槔的例讲主体性与反思性。再举了水果的例子讲多样性，反对千篇一律。这里又讲起猿猴与东施效颦的故事来了。周公的服装再好，不适合猴儿的要求。西施捧心的姿势再美，不能由东施来照搬。这样的故事寓言，甚至有几分黑色幽默呢。

王蒙讲说《庄子》系列

五三五

五三六

五　仁义可以临时借居，不可久宿

孔子行年五十有一而不闻道，乃南之沛见老聃。老聃曰：「子来乎？吾闻子，北方之贤者也，子亦得道乎？」孔子曰：「未得也。」老子曰：「子恶乎求之哉？」曰：「吾求之于度数，五年而未得也。」老子曰：「子又恶乎求之哉？」曰：「吾求之于阴阳，十有二年而未得。」

孔子年纪已经五十一了，没有学到大道，就到南方的沛地去找老聃。老聃说：「你来了，听说你是北方的贤人啊。你也学到大道了吗？」孔子说：「唉，别提了，没学到呀。」老子说：「你是怎样学道的呢？」答：「我先是从典籍法度、规则秩序中学，学了五年，没有什么收获。」老子问：「你又怎么样去求学于道术呢？」答：「我又从阴阳的相反相成中研究道术，过了十二年了，没有什么收获。」

社会活动、典籍法度、规则秩序，不等于大道，也不可能完全脱离大道。万物万相、阴阳五行、天地日月，相生相克，也不等于大道，其实离大道是更近了一些。所以说孔子用了十二年时间研究阴阳，已近道矣，奈何未得，差的是最后那一点悟性与形而上的激情啊！

老子曰：「然。使道而可献，则人莫不献之于其君；使道而可进，则人莫不进之于其亲；使道而可以告人，则人莫不告其兄弟；使道而可以与人，则人莫不与其子孙。然而不可者，无佗也，中无主而不止，外无正（同证，手证）而不行。由中出者，不受于外，圣人不出；由外入者，无主于中，圣人不隐。」

老子说：「是的。如果道是可以用来献给上司的，那么人人都会向他的国君献道了；如果道是可以用来进贡的，有的那么人人都向自己的父母贡道进道了；如果道是可以讲说传授的，那么人人都会向自己的兄弟授道传道了；如果道是可以馈赠给予的，那么人人都把道转送给予自己的子孙了。然而，这些都是做不到的。没有别的原因，一方面，你内心中没有一个主心骨，另一方面，你在外界，找不到一个核证、对照、共振的对象。如果你没有一个体悟道的主体性，道即使在你的心中有所感悟体察了，即你已经模模糊糊感觉到与大道沾边了，大道仍然不可能留驻在你的心里。同样，如果你找不到核证与共振的道的对象，你无法将你有所体悟的大道践行，道无法运行。同时，如果你的内心已经对于大道有自己的体悟，但是不能从外界得到呼应、接受、对比、互证，不能为外界所理解、所接受、所共振，圣人也无法将它们表现、显示、讲述出来；而即使你从外界听到、见到了有关大道的启示讲授，获得了有关大道的伟大信息，如果你内心中没有主见、悟性来消化吸收，圣人也没有办法使你将它们收藏，无法将道化为你的血肉——就是说，即使是圣人，也无法将还处在你的身外的大道植入你的内心。』

老子教导孔子说，你想学道吗？第一，要有内心的慧根和悟性、对于终极的追寻和眷注、对于信仰的崇拜和激情体验、形而上的升华与思辨能力。第二，要与外在的生活、万物万象、时间与空间、社会与自然融会贯通起来。对于外在的一切，同样也要有观摩，有聆听，有感知，有切肤的体察，有反应，也有交流沟通，有实践、践行、思考，要学会与之打交道。用现在的话来说，第一，道是伟大的内心体验，无此内心，一辈子也悟不了道，更学不到道。第二，道是生活与经验的总结升华，是大千世界的精华与本质，你每日每夜都从大千世界中得到道的启示、道的证明。困难在于，你内心的带有神秘体验性质的道感、道悟是无法表达展现出来的，你从大千世界不断得到的道的启发，是无法

进入你的内心深处的。也就是说，你的内心必须大道化，而你体察的大道必须生活化。这中间需要一个环节，缺少了这个环节，圣人来了也帮不上忙啦。

让我们换一个说法，道是伟大的信息源。你的内心接受装置只有与道的源头，与道的编码匹配，才能接收到它——祂的伟大信息。而你的外界对象又必须与你的心灵匹配，或你的心灵又必须与外界的接收装置匹配，才能发出或转发出世界、外界能够接收并从而激活运作起来的道之信息。

这个说法有点接近于我喜欢讲的一点体会，读书、学习、做事，最有趣、最激动人心之处在于从中发现生活，发现内心。内心是火种，生活是木材与煤炭的积累。没有火种就没有火焰，没有光和热。没有燃料，火种也只能熄灭。同时，最有趣之处还在于从自身的体验、经验、感受、模糊琐碎的林林总总之中，感受到书本、哲人、学科与文化的花朵与果实。

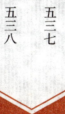

『名，公器也，不可多取。仁义，先王之蘧庐也，止可以一宿而不可久处，觏而多责。古之至人，假道于仁，托宿于义，以游逍遥之虚，食于苟简之田，立于不贷之圃。逍遥，无为也；苟简，易养也；不贷，无出也。古者谓是采真之游。以富为是者，不能让禄；以显为是者，不能让名；亲权者，不能与人柄。操之则栗，舍之则悲，而一无所鉴，以窥其所不休者，是天之戮民也。怨、恩、取、与、谏、教、生、杀，八者，正之器也，唯循大变无所湮者为能用之。故曰：正者，正也。其心以为不然者，天门弗开矣。』

『名声，是天下的公器，为天下人所拥有，个人不应该占有过多。仁义，是先王的旅店，可以临时借居一宿，不

可多有寝住。你太张扬名声仁义了，只会因为自己的显摆而找麻烦。古代的真正至人，真正懂事的人，就会明白，仁只是达到目的的一个过程，一条路子，而义也是临时用来寄居的容身之地，走过了仁之道路，住过了义之茅舍，真正要去的还是逍遥的虚空之乡。到了那里，吃的是简单凑合的田地中的出产，呆着的是不必费力与没有多少要求的园子。简单凑合，就好养活了；不必费力，没什么要求，也就用不着有什么支出与代价了。古人将这样的生活称之为获取本真、保持本真的生命之悠游。肯定财富的价值的人，不可能谦让自己的俸禄；以彰显、张扬为价值的人，做不到谦让自己的名声；喜欢权柄的人，绝对不能与旁人共享权力。这些东西，你拥有了，会感到紧张。你失去了，会感到悲哀。他们无从借鉴，无从认识与校正自己，从不反思自己无休无止地追逐着的东西的真实含义，这可真成了被老天所折磨刑戮的罪人啦。怨与恩（责备与施恩或被责备与施恩）、取与与（剥夺与馈赠）、谏与教（进言与教诲）、生与杀（赦免与处决），这八个方面都是治国理政和求证求学求道的工具，也是检验学道的方法。只有遵循大道的变化，不让自己的痴心被（偏见与苟且）湮没的人才得以运用它们。所以说，比证，证明就是纠正、端正，心里不能信服大道，天门——大道的门也就不会向他打开。」

这里头有两点极精彩。第一，他说仁义是一个旅馆，借用一下，临时住一下是可以的或必要的，但是不能长留，不能成为仁义道德的钉子户。按，中华文化的泛道德主义传统源远流长，国人最重视的是治国平天下，而把政治道德化的情结又是根深蒂固。天下，唯有德之人居之。他为什么统治你？因为他的德行高于你，这既是统治的根据，也是统治的限制，统治的雷区或陷阱。就是说，如果你统治而无德，你就是『无道昏君』，你就理应被那个载舟之水颠覆掉。

这样的想法不无可取，但又相当乌托邦。原因是，推翻旧政权时，道德理想主义，泛道德论，可能是一个有利的武器，用来全盘否定旧政权，用来将旧统治者批倒批臭。但是执政治国，发展兴旺，光靠道德说教、道德示范、道德美文，常常会捉襟见肘，破绽百出。治国首先要靠经济，靠法制，靠文治武功，靠内政也靠外交……就是说，靠实绩，而过多的道德说讲有可能作秀化、修辞化、清谈化、高调化、忽悠化。此前，庄子已经发表了道德主要是用来约束自己的，这样一个极先进极高明的立论。这里，又讲到了仁义道德不能久居的有趣见解。你不能一辈子老是吃道德优越的饭，你不能一辈子都是靠道德优越吃饭，你得有真本事、真记录、真成绩、真货色。一句话，你得有点过硬的干货。『觏而多责』，太彰显了反而受责备。从泛道德论的命题上说，你把道德吹得愈是彰显，调子愈高，百姓就愈是按道德要求你处处事事做到符合伟大崇高的道德标准，你就越发不可能当真做到；你应该被追究、被问责的事情就愈多。这实在是讲到点子上了。

第二，关于这个正字，一般认为正者证也，我想是很对的。我就最喜欢用互证、作证来表达一个学习、读书与思考直到写作的过程。人的学习体悟是怎么回事呢？表面上看只是吸收、汲取外来的信息，其实任何信息都需要经过验证、消化、选择。你的经验，你已有的世界观、人生观、信仰观，你的思路与良知良能，必定时时与外来的信息碰撞、交融、互动。学道，学术，学艺，其实都是互动的过程，你本身动不起来，学什么也没有戏。就拿我正在写的这本书来说，我追求的岂不就是正者证也，互动才能互证互正，互正了才会是天门大开，道思泉涌，道心绽放，道性受用。而你自己不以为然，动不起来，天门也就对你永远地关闭了。

那么这里的正，可能不可能包含着『政』，即治国平天下的内容呢？似不应完全排除。怨、恩、取、与、谏、教、生、杀这八个方面，与其说是读书学习过程的描绘，不如说是治理统治的八个方面。中国人喜欢整体性、一致性与一元化，治国与治学，其理同一，这是国人最喜欢接受的思想方法。

六　相濡以沫，不如相忘于江湖

孔子见老聃而语仁义。老聃曰：『夫播糠眯目，则天地四方易位矣；蚊虻噆肤，则通昔不寐矣。夫仁义憯然乃愤吾心，乱莫大焉。吾子使天下无失其朴，吾子亦放风而动，总德而立矣，又奚杰然若负建鼓而求亡子者邪！夫鹄不日浴而白，乌不日黔而黑。黑白之朴，不足以为辩；名誉之观，不足以为广。泉涸，鱼相与处于陆，相呴以湿，相濡以沫，不若相忘于江湖！』

孔子见了老子想谈论仁义的话题，老子说：『颠簸着（或扬洒着）米糠，污人眼目，搞得天地与东西南北都转了向了；蚊虻叮咬皮肤，搞得人们通宵不得安眠了。这就是仁义呀，啰里啰嗦，把人心都搞乱了，为害太大了。先生您要是想治理天下，千万不要丢失那种朴素与纯真（不要搞什么颠簸去糠），你只须顺风而动，依靠德行而牢牢站立，何必费尽九牛二虎之力去敲着鼓追逐逃亡者呢？白天鹅用不着天天洗澡来维持它的洁白，乌鸦也用不着天天染色来保持它的漆黑。白呀，黑呀，都是天生的，不值得努力为之区别争论。名誉仁义，也只有出于天然才是有价值的，不值得用力去推广。名声如何，听其自然，必合道理，哪里用得着喋喋不休！泉水干涸了，鱼儿们晾到了陆地上，互相吐着水沫子湿润对方，这虽然很友爱，却完全不如畅游在江河湖海里而彼此相忘更自在呀。』

我们不妨在比较现代的方向上研究这一段文字，道德伦理当然是重要的，也是吸引人的，但是如果道德伦理脱离了社会实践，脱离了人民的物质利益，脱离了经济、政治、文化、社会的四位一体的发展，一句话，理念一旦脱离了生活，就变成了乱人眼目的秕糠，变成了叮人皮肉的蚊虫，变成了捣乱。鲁迅有云：『我们目下的当务之急，是：一要生存，二要温饱，三要发展。苟有阻碍这前途者，无论是古是今，是人是鬼，是《三坟》《五典》，百宋千元，天球河图，金人玉佛，祖传丸散，秘制膏丹，全都踏倒他。』（《华盖集·忽然想到（六）》）这话难道咱们忘记了？

这里再讲相濡以沫与相忘于江湖的故事，流露出了一些发展的观念，相濡以沫在道德人心上十分动人，但是用这个办法是发展不成生产力的，只有相忘于江湖，才会有鱼类与渔业的大发展。

其实庄子很在意文章的生动性、生活实感。什么播糠眯目、蚊虻噆肤、放风而动、总德而立、负建鼓而求亡子、鹄不日浴而白、乌不日黔而黑，一直到鱼的相濡以沫、相忘于江湖，都极真切通俗，而又耐人深思。敲着大鼓去追寻逃亡者的说法令人苦笑，尤其是牛皮大王们、高调兜售者们、豪华立论者们，值得认真对照反省。

孔子见老聃归，三日不谈。弟子问曰：『夫子见老聃，亦将何规哉？』孔子曰：『吾乃今于是乎见龙。龙，合而成体，散而成章，乘云气而养乎阴阳。予口张而不能嗋，予又何规老聃哉！』子贡曰：『然则人固有尸居而龙见，雷声而渊默，发动如天地者乎？赐亦可得而观乎？』遂以孔子声见老聃。

孔子去见老聃归来，三天一声也没有吭。他的学生们问道：『老师去见老聃，给他提什么意见了吗？』孔子说：『而今，我总算是看到龙了。龙这种东西，合起来是一个整体，分开来看，仍然是文采斐然的华章，他生活在云霄之上，

伸展盘旋于阴阳二气之中。我对他即使想张嘴说点什么也说不出来呀，我还能给老聃提什么意见？』子贡说：『这么说是真有这样的人啦？人有这种一动不动而能显出龙的气度，沉默渊深而能发出霹雳之声，起动以后像天地一样恢宏伟大的吗？我能不能也去见识一下他的学问、举止、风采呢？』于是子贡以孔子的名义求见老聃。

这里的孔子对老子的称颂有这么几部分：第一，老子总体伟大，合成伟大，分开来细看也各呈现其文采与章法，就是说，老子经得住宏观，也经得住微观的观察掂量。这说明，老子的结构与材料（原料）、运用与待用、整体与零部件细节都超出常人。我们作为后世的读者，至少可以感受，老子思想体系深邃独特，惊世骇俗，同时文字简古，一以当百当亿万，老子的文风千古一人，如咒语神谕。第二，老子乘云气而养乎阴阳，老子是天人合一，是天人，是高高在上的云端之人，超拔之人，与世界宇宙同格之人。第三，他是龙人，与龙一样伟大、变化、神异，并且幽深。子贡进一步发挥说，老子似乎是尸居而龙见，雷声而渊默，外表如槁木死灰，内容如蛟龙雷电。够劲啊。

老聃方将倨堂而应，微曰：『予年运而往矣，子将何以戒我乎？』子贡曰：『夫三王五帝之治天下不同，其系声名一也。而先生独以为非圣人，如何哉？』老聃曰：『小子少进！子何以谓不同？』对曰：『尧授舜，舜授禹，禹用力而汤用兵，文王顺纣而不敢逆，武王逆纣而不肯顺，故曰不同。』

老子坐在厅堂之上，听到子贡求见的声音，便低声说：『你来见我这个老迈之人，是不是有什么意见要告诫我呢？』子贡说：『三皇五帝治国之道虽然不同，他们的拥有大名，即与声名同在却是一样的。你说他们不算圣人，这又是什么道理呢？』老子说：『年轻人，请过来一下，你说的他们治国之道不同，是什么含义呢？』子贡说：『唐尧把天下禅让给虞舜，虞舜把天下让给夏禹，夏禹治世靠的是辛苦努力，商汤靠的是武装力量。文王仍然顺着商纣，无意造反，到了武王时候，就要造商纣的反而绝对不听商纣的。所以说，他们几个人是不同的啦。』

子贡的话多少有些兴问罪之师的意思，尤其是一张口先抬出三皇五帝，想把老子压下去。而老子倨堂而应，微曰——低声说话，也显得传神。

老聃曰：『小子少进！余语汝三皇五帝之治天下。黄帝之治天下，使民心一，民有其亲死不哭而民不非也。尧之治天下，使民心亲，民有为其亲杀其杀而民不非也。舜之治天下，使民心竞，民孕妇十月生子，子生五月而能言，不至乎孩而始谁，则人始有夭矣。禹之治天下，使民心变，人有心而兵有顺，杀盗非杀，人自为种而天下耳，是以天下大骇，儒墨皆起。其作始有伦，而今乎归，女何言哉！余语汝，三皇五帝之治天下，名曰治之，而乱莫甚焉。三皇之知，上悖日月之明，下睽山川之精，中堕四时之施。其知憯于蛎虿之尾，鲜规之兽，莫得安其性命之情者，而犹自以为圣人，不可耻乎，其无耻也？』子贡蹴蹴然立不安。

老聃说：『年轻人，你再过来一点。我给你说说三皇五帝是怎么治理天下的。黄帝治天下，让天下浑然为一，不分你我，百姓死了亲属而不哭，别人并不以为不对，因为大家并无亲疏远近的区别嘛。到了唐尧时候，百姓知道个亲疏远近了，有人为了亲戚利益去杀害亲属的仇敌，别人也不以为做的有什么不对。到了虞舜时候，百姓的心在于竞争，孕妇十个月生了孩子，孩子五个月就说起话来了，还没有长成儿童，就区分起你呀我呀的了，同时有了夭折短命的了。到了夏禹时期呢，闹得人心善变，人们各有心计，而且将用兵动武炫力施暴视为正常，甚至主张杀了强盗不算杀人，

不必承担道义与法律责任；人们自发地划分了族群，互相争夺天下，于是搞得天下大惊，什么儒家呀墨家呀都闹起来了。一开始还有点秩序，后来全乱了套。你怎么样解释这样的发展呢？我可以告诉你，三皇五帝之治理天下，名义上说是治理，其实是搞乱天下。三皇的智力，往上说违背了日月的光辉，往下说破坏了山川的精华，在中间影响了四季的运行。他们的智谋像蝎子的尾巴一样毒恶，搞得连微小的生物也不得安宁，还自吹是圣人呢，他们不感到可耻吗？太无耻了啊。』子贡听了心神不安，站也站不稳了。

这一段里老子的话超常的尖锐。其中老聃讲的所谓天下政治或政治文化的恶化过程，其实也是一个个体生命的成长过程。初生婴儿时期，浑然同一，不分你我，即使近亲死亡，也不会引起婴儿的特别悲伤。三个月至半年的样子，已经认人，认人识母，也就是有了亲疏远近的意识，对于陌生人已经有所畏惧有所防范，对于经常哺喂自己照顾自己的人有了好感。当然，不可能为了亲人去杀害仇敌。产生竞争之心呢，至少从幼儿时期，在幼儿园中就开始了，而且大人往往教导幼儿竞争，如训练幼儿一个本领（玩某种玩具，说一个词，或做某个动作），学会了奖励他或她吃好的。搞得生孩子不足月抢着出世，生下来五个月就会说话，听起来近乎荒诞，但能让人想起迄今不衰的什么低龄智力开发、神童班之类的把戏，和这些把戏背后的人们的急躁心情。进入少年时期呢，开始有心计有对于他人的敌视了。

从文学的角度来看，这样的准恶化定则确实令人叹息。文学作品中常常会流露这样的赞美童年、怀念既往、憎恨人的长大的伤感与牢骚。然而，理性一点看，社会的结构，生产力的发展，生产关系的嬗变，人际关系的复杂，利益、

理念、信仰的分化与矛盾，带来的种种麻烦都是不可避免的。它们在带来麻烦的同时，也带来巨大的发展利益与前景。在文学的多愁善感的向后看的诗篇脍炙人口的同时，生产与社会的发展也正在带来新的辉煌壮丽。发展的过程中有准恶化，也同样会有超越这种准恶化的进步。

七　六经不过是先王之陈迹，除了庄子，谁敢这样说

孔子谓老聃曰：『丘治诗、书、礼、乐、易、春秋六经，自以为久矣，孰知其故矣。以奸者七十二君，论先王之道而明周、召之迹，一君无所钩用。甚矣夫！人之难说也，道之难明邪？』老子曰：『幸矣子之不遇治世之君也！夫六经，先王之陈迹也，岂其所以迹哉！今子之所言，犹迹也。夫迹，履之所出，而迹岂履哉！夫白鶂之相视，眸子不运而风化；虫，雄鸣于上风，雌应于下风而风化；类自为雌雄，故风化。性不可易，命不可变，时不可止，道不可壅。苟得于道，无自而不可；失焉者，无自而可。』

孔子对老聃说：『我下功夫做《诗》《书》《礼》《乐》《易》《春秋》六经的阐发研究与编辑整理工作，用了很长的时间，算是熟悉它们的逻辑与掌故了。我以这样的学问去会见七十二个君主，给他们讲解先王治国平天下的道理，阐明周公、召公治国理政的事迹，但是没有一个君主接受我的讲说。怎么人们是这样难于被说服，而道理是这样难于讲明晰呢！』老子说：『太幸运了，你没有遇到治世的所谓明君，没有什么人接受你那一套大道理。你讲的六经，不过是先王陈旧的事迹，并不是先王之所以成为先王而能留下为人称颂的事迹的根本缘由。你能讲的那些东西，都是行路留下的足迹，而足迹，既不是足，也不是能够留下足迹的鞋子。你看白鹢这种鸟儿，互相对视，眼珠都不用转就

能交配成孕；而虫子呢，雄者在上鸣叫，雌者在下应和，于是也交配成孕；还有一种叫做类的生物，自身具备雌雄两性，自己就可以受孕交配。万物各有其天性，不可更换；各有其命运，不可改变；万物发展各有其时间，不可阻止，万物变化都是根据大道的运转，不可板结堵塞。我们做什么事，符合大道，自然畅通无阻；如果不符合大道，必然一事无成。』

想不到老庄的某些说法，与现今人们喜说的反对教条主义相通，与歌德所说的理论是灰色的而生活之树常青相通。用陈旧的往事教化旁人，难矣哉，何况孔子意欲教导的是自我感觉超好的君王呢！

履与迹的分析着实有趣，我们读的书，课程讲义，最多是痕迹，是脚印。痕迹——脚印是从哪里出来的呢？是鞋子走出来的。鞋子为什么会走呢？因为脚在移动，而脚的移动是大活人的意识、欲望、思想或生理状况决定的。惜哉这些死读书的人啊，他们一辈子研究脚印，崇拜脚印，卖弄脚印，争论脚印，却完全忘记了脚丫子，忘记了大活人，忘记了大活人必然会有的生活、生命、冲动、欲望、意志、决心、性格、理念、信仰、争斗，种种伟大与渺小、英明与愚蠢、热烈与冷漠。脚印——鞋子——活人的比喻太棒了。老王所以老了老了要与庄周共舞，不正是由于不满足于脚印的分析与考证，而要拥抱与试探、旋转与加热聪明绝顶而又忽冷忽热的庄周先生吗？如果读者从斯书中不仅得到了脚印的丈量与模写，而且多少感受到了脚丫子与人的灵与肉的活气，如果你们读了老王的书，如见庄足，如睹庄影，如闻庄声，如感庄速、庄力与他的灵巧、才气、雄辩与潇洒，老王的目的就达到了！

从种种生命的交配与受孕说起，这倒很有点师法自然的意思，有点尊重生命的缘起的态度，不像后世把雌雄交合看成低下肮脏的事情。当时人们对于一些鸟虫交合现象的观察与论断着实有趣。问题不在于他的观察有几多可靠与真

实，而在于他怎么会有那么奇特绝妙的想象力。太神奇了！从这里强调万物有其特色，有其自然而然的路径，不必强求，不要干预过多，不要自作主张，这确实是教人聪明的学问，而不是包打天下的傻瓜吹牛。

孔子不出三月，复见曰：『丘得之矣。乌鹊孺，鱼傅沫，细腰者化，有弟而兄啼。久矣夫丘不与化为人！不与化为人，安能化人！』老子曰：『可。丘得之矣！』

闭门不出三个月，孔子又去见老聃了，孔子说：『我明白了。乌鸦与喜鹊都是从蛋里孵化而生的，鱼类呢，则是通过互相吐沫子产生了下一代，细腰蜂是变化而生的，有了弟弟，为兄的则会啼哭。这都是自然造化之常理。我有太长的时间没有去注意自然造化的奥妙了，没有与自然造化在一起，又怎么能去教化旁人呢。』老子听了说道：『行了，这回孔子算是弄明白啦。』

没事多观察自然造化的种种特点，从中体味大道的三昧，这是一个好建议，也是一种享受。从学理上说，不一定靠得住，例如中东局势，例如三股势力，例如金融危机，恐怕靠观察虫蜂鸟鱼花草树木嘛主意也得不到。从自然现象、生命现象中获得某些灵感，倒也并非全不可能。这是满有趣味的思路。从自然造化中学，至少比从先王陈迹中学更可爱一些，灵活一些。得空就去感受与赞颂伟大的自然界吧，学会礼赞大自然的人，有戏啦！

老王说：黄帝讲咸池之乐一段，堪称天才之作。谈乐比直接谈道的任何文字都更加精彩与富有对大道的直感、质感、至感。一以惧，再以怠，三以惑的说法意味深长。道是不可言说的，说明道并不仅仅是一段言语、几个词字、一个命题、一个说法。在道面前，人类的语言是相形见绌的。可言的不是道，此前已经讲过了。那么通向道的路径就不仅仅是动

用语言作主要载体的思辨、论述、辩驳、撰写。也许音乐是比语言更有效的习道、求道、载道之路之器。惧就是道，就是道的威严与伟大、无穷与永恒、震动与警醒，也就是天网恢恢，疏而不漏，不仁而且无情。怠就是道，就是雨露滋润，就是上善若水，就是虚静柔弱，就是槁木死灰，无为而无不为。惑尤其是道，就是混沌，就是不知，就是不言，就是惚兮恍兮，无边无端无限，不积，抓不住也摸不着，白茫茫大地真干净。『咸池交响』的过程就是拥抱世界、体悟大道、交通天地、感受究竟、豁然贯通、巅峰体验、喜怒哀乐、惊惧敬畏、疑惑迷茫的全部整合，也就是学道、悟道、感道、修道的全过程。当然，通向大道的不仅有音乐与思辨，也还有建筑，有科学，有献身，有道德善行，有文学，有绘画，有工艺，有医术，有太极，有三百六十种绝活绝技。一个建筑师终于创造出了至美至壮、宏大圆满的建筑群，例如埃及的卡纳克神殿、印度的泰姬陵；一个音乐家终于演奏出了深邃雄浑的交响乐，例如贝多芬的《第九交响曲》；一个画家终于完成了永生不朽的画卷，例如达·芬奇的《最后的晚餐》；一个作家终于写就了万世流传、感人肺腑的杰作，例如《红楼梦》；一个政治家终于成就了惊天动地的伟业；一个医生终于发现了济世救人的奇术奇方；甚至于一个匠人如工倕毕一生之力终于成就出来了巧夺天工的技艺……他们能不感到道性的激动与充实的不朽吗？而成功后的不无茫然，衰老时的不无困惑，欢呼后的仍然孤独，顺应后的或有疲惫，是不是离永远终结的大道更近而不是更远了呢？啊，终极眷顾的结果是永无终极，永无终极的过程是永远的对于终极的升华……或者说，一个真正演奏了、欣赏了咸池之乐与这一类精神的奇葩的天选之人，他离大道的遥远与亲近是不是已经合而为一了呢？

刻意：高论怨诽还是淡然无极

专门就刻意的问题写一章，应该说是不同寻常。刻意，就是处心积虑，就是心劳日拙，就是偏执较劲，就是刚愎自用与一意孤行。至少是从庄子看来，人的许多问题是自找，许多痛苦是自造，许多灾难是自为。从对刻意的批评当中，人们还可以看出庄子对当时世态人情的了解之深、眼光之透、劝谕之殷切，堪称苦口婆心。表面上看，庄子号召的只限于自救与避世，却仍然有救世之心肠。

一　不要刻意打造自己

刻意尚行，离世异俗，高论怨诽，为亢而已矣，此山谷之士，非世之人，枯槁赴渊者之所好也。语仁义忠信，恭俭推让，为修而已矣，此平世之士，教诲之人，游居学者之所好也。语大功，立大名，礼君臣，正上下，为治而已矣，此朝廷之士，尊主强国之人，致功并兼者之所好也。就薮泽，处闲旷，钓鱼闲处，无为而已矣，此江海之士，避世之人，闲暇者之所好也。吹呴呼吸，吐故纳新，熊经鸟申，为寿而已矣，此道引之士，养形之人，彭祖寿考者之所好也。若夫不刻意而高，无仁义而修，无功名而治，无江海而闲，不道引而寿，无不忘也，无不有也，淡然无极而众美从之。此天地之道，圣人之德也。

有目的有意识地处心积虑、谋划追求，并且注意与讲究、推敲与设计自己的行事路数，沉浸于自身的特立独行、愤世嫉俗，发表种种高调见解以批评现实，发泄不满，表达怨愤，追求的是自身高蹈的形象与响亮的声音，这是隐居在崇山幽谷中的高洁人士，非难现世、不求生存利益之人与形容枯槁、苦行牺牲之人的选择。而动辄宣讲什么仁义忠

信、恭俭谦让，注重修身教养，这是追求修齐治平、立志教诲旁人、四处游学鼓吹讲课的好为人师者的选择。讨论琢磨怎么样才能成就大事功、树立大名声、安排君臣之礼法格局、规范上下关系，追求的是治理、管理，这是为朝廷办事、尊崇君主、强盛国家、出将入相、致力于政绩、拓土并且兼并他国的人的选择。干脆生活在沼泽丛林、旷野荒地之中，没事捉鱼钓虾，悠闲自在，无所事事，这是江海之客与避世避祸、闲暇安适之人的选择。还有的人则集中其注意力于练习气功，吐出、排除陈旧秽气，吸纳、汲取新鲜养人的空气，像熊一样地有站功，像鸟一样地展翅（如练习早期八段锦、形意拳之类的功夫），其目的在于养生延年，这是注重呼吸导引和养护形体，追求能够像彭祖一样益寿延年的人的选择。如果不去有意识地求什么修习什么却能够境界高蹈，不在乎什么仁义道德却能修身养志，不讲求事功政绩却能治理有方，不走入江海旷野而能够悠闲自在，不习导引（类似气功）之术而能够益寿延年，什么都不在乎，什么都不耽误，对一切淡泊冷静，无所亲近认同，无所追求，而一切好事自然而然地降临跟随着他附着于他，这样子才是最高最深，就叫做具有了至高无上的天地之大道，至高无上的圣人之大德了呀。

庄子在这里把人们——应该说是对人生的经营比较自觉的『士』们，分成了五六类。诸类各有千秋，庄子的用语也相对客观包容。把几近圣人的人放到最后讲，可能是考虑到舆论名声：还是做高士、圣人来得响亮光辉。避世闲逸，以钓鱼为行为的代表或行为的艺术，似略嫌寒酸，但周边有个江海，可以掩饰一二。这样的人知名度有限。范蠡本来是求治功之人，但能在功成之后及时避世，倒是令人尊敬称赞的。求寿考便是熊经鸟申、吐故纳新，倒也实惠，起码与世无争，如果能留个长胡子再虚报几岁，也能赢得一时的名气与尊敬，获取气功大师或国学大师之类的荣誉。至于

什么都不在乎，什么也不耽误，这当然就理想得多了。

前五类，都有一个毛病，即刻意为之，违背了道法自然的大道。任何追求，一加上了刻意——处心积虑的标签，就会是『皆知美之为美，斯恶矣』（《老子》第二章）。把那个时代的士人，分成求高亢、求修养、求治功、求闲逸、求寿考这么几类，颇可咀嚼。求高亢者，是刻意尚行，在树立自身形象上狠下功夫，而且是高论怨诽，离世异俗，枯槁赴渊，摆出不合作不和解的姿态，高调讥讽、抱怨、悲情、严厉批判。这样做本来比较符合现代思潮对于社会批判型或体制批判型知识分子的要求，但是《庄子》的刻意呀尚行呀高论呀诸词，似乎个中不无春秋笔法。摆出高士的姿态，高调怨诽，难免闹心乱众，而且这方面的刻意岂无哗众取宠、大言欺世，唯恐天下不乱的偏颇？

却原来，高士也可能是刻意打造出来的。在今天的世界，高士更未必枯槁赴渊，而可能是一本万利。这样的高士也许与我们近在咫尺，故此这里的高士之描写是别有一层滋味的。其中最好的例子应该是屈原，其中最典型的话语应该是『众人皆浊而我独清，众人皆醉而我独醒』。到了后世则有鲁迅，但鲁迅的一生并不枯槁，他在生前已经具有战旗文胆的光辉灿烂了。

还要补充一句，近现代中国中还有并不高调怨诽的高士，而只是低调保持距离，更准确地说，是低调合作与低调疏离的结合，例如钱锺书。看来，《庄子》成书的年代，高士们的修养还是不如今天到家与丰富：伟大如《庄子》一书，竟没有讨论到低调高士的类型。

还有高调结合又高调离去的，例如田家英。进入了政治核心，却又自杀遗世了。也可以说是低调走了，但是自杀

的方式却又不是不可以解释为一种非常刺激的高调。

第二类，是求修养教化的，这应该是源于中华文化中对于圣人的理想。仁义礼信，恭俭推让，这样的泛道德化的典范，既是常识性的，又是不容易做到圆满与达标的，更不容易仅仅靠常识性的德行就治国平天下，而多半会是辛辛苦苦，劳而无功。总算孔夫子应运而生，可以成为此等人的榜样和光辉代表。

第三类，是求治功的，这在春秋战国之时最为盛产。苏秦、张仪、商鞅、管仲、孙武、吴起、韩非等的事迹脍炙人口，却又多数是兴之也勃焉，亡之也忽焉，神气活现的时候人人羡慕，被诛杀夷九族的时候又是无不为他们的咸阳市中叹黄犬（李斯临刑时对二儿子说，再不能与他一起牵着黄狗遛弯儿了）而摇头叹息，并苟安、得意于自身的头颅尚存的。

比较起来，求闲适、求寿考似乎实惠一些，也符合《庄子》此前论述的逍遥、养生之道。还有，闲适与寿考，大致上是个人的事，成败利钝，无碍他人，而自命高尚却实不高尚，未免涉嫌欺世，自命教化而实不沾边，则涉嫌空谈，至少是烦琐啰嗦；自命事功而实无成绩，则更是误国扰民。闲适、寿考，只要不是到处贩卖灵丹妙药与邪功法术，则搞不成也不害人。但是搞闲适与寿考如果加上了刻意二字，反而从一上来就违背了道法自然的大原则。

无论如何，以上五种刻意，其表现仍属『现实主义』，读起来各色人等的音容笑貌呼之欲出。但到了讲起『若夫不刻意而高，无仁义而修，无功名而治，无江海而闲，不道引而寿，无不忘也，无不有也，淡然无极而众美从之。此天地之道，圣人之德也』的理想人物，则飘然一转身，变成了浪漫主义、理想主义、神秘主义、半仙之体，如诗如画了。『无不忘也，无不有也』，令人拍案叫绝，什么都不求什么都得到，那敢情好！古往今来，有几个人做得到呢？如果

有个人做到了，又如何能不让人羡煞、妒煞、痒煞、恨煞呢！

做到一切，得到一切，一切皆忘，一切皆有，而毫不刻意，这使人想起一个词，叫做随缘。这本是佛家《华严经》的词，『闻三世诸佛，具足尊名号，随缘起佛刹，音声不可尽』，是说人应该随顺因缘，顺应机缘而定行止，任其自然。一个叫刻意，一个叫随缘，这是两种人生战略、人生取向。老庄提倡的是随缘，反对的是刻意。还有一对词语，一个叫执着，一个叫通变，即变通。随机应变，随缘变通，对常常不免忧心忡忡的自身是一个挽救，一个解脱，免得自己与自己较劲——自己不给自己留下活路。我们还要说，人生是一直紧紧张张好呢，还是轻松正常自在好？《庄子》文本认定，后者要比前者好得多。

但是，只强调随缘与通变，全无刻意与执着，又似乎不免成为机会主义、机缘主义、随风飘飘，如美国的影片叫做Gone with Wind——《飘》，甚至会成为一切有始无终、前后不一、出卖灵魂、投机取巧的借口。同样，一生轻松，绝无奋斗努力、投入献身，作为人生理想，显然也是片面之词。

应该说，人这一生，关键在于取得随缘与刻意、通变与执着、放松与紧张之间的平衡。没有前者，个个都是自寻烦恼、害己害人的榆木疙瘩，当然不好。没有后者，克服不了任何最小的阻力，只剩下了得过且过，也就没有价值也没有真理，没有事功也没有成就，没有文明也没有主张，叫做没有了底线，固匪夷所思也。

二　恬淡虚无，若浮若化，不虑不谋，养神之道

故曰：夫恬淡寂漠，虚无无为，此天地之平而道德之质也。故曰：圣人休休焉则平易矣，平易则恬淡矣。平易恬淡，

则忧患不能入，邪气不能袭，故其德全而神不亏。

所以说，虚空、宁静、恬适、淡泊、寂寞、无为，这些都是天地的准则，道德的极致。所以说，帝王圣贤的追求到此为止，至此也就平静自在下来了。恬淡寂寞——去掉贪婪，去掉风头，总起来说是去掉名利之争；虚无无为——去掉执着，去掉自以为是，总起来说是去掉自寻烦恼与害天害人害己。这就是天地的公道准则与道德的根本核心。平静自然了，则诸事恬淡，不瞎闹腾了。又平静又恬淡呢，则不会受到忧患的侵扰，不会被邪气所打击，这样的人天赋的德性圆满完全，其精神也永不亏损。

这里的一些话在《天道》一章中讲过，随着前后文的不同，感觉上、领悟上或略有区别，含义则可以互相参照。下同。

故曰：圣人之生也天行，其死也物化。静而与阴同德，动而与阳同波。不为福先，不为祸始。感而后应，迫而后动，不得已而后起。去知与故，循天之理。故无天灾，无物累，无人非，无鬼责。

所以说，圣人之出生与活着，就像天道天象的运行。圣人的死亡，就像万物自然而然的变化（或就像从自身变为外物）。圣人静下来，与阴气具有共同的沉潜、平安与承担。圣人动起来，与阳气具有共同的活力、激荡与振幅。圣人不去追求，也不去允诺福分，不去制造灾祸，也不用任何灾祸吓人。他从不在福与祸的关切中转腰子。确实被外物触动了，他才会反应、回应。不是被外物所催促推动，他自身并不起意运动。不是不得已，他自身不会主动发起做什么事情，造什么题目。去除一己的智谋与对于外界事件的斤斤计较，不搞盘算分析，不会焦虑。只知道遵循天意、天理、大道，不知道一己的欲望与好恶。这样的圣人不会碰到天灾，不会为外物所累赘牵挂，不会与他人闹什么是非——不会被人非难，也不会受到鬼神的挑剔。

《庄子》这里的逻辑是，只有做到最高最大的容受、适应，无可无不可，恬淡，寂寞，虚静，无为，做到与客体的虚空委蛇，做到主体的空无化、非刚体化，才能最大限度地拯救自身，悠游逍遥、金刚不坏，若浮若化，享受巅峰状态的至人、圣人、真人、仙人的大解放、大自由、大欢喜。（欢喜更多的是佛教用词，现在此地借用，或可相通也。）

其生若浮，其死若休。不思虑，不豫谋。光矣而不耀，信矣而不期。其寝不梦，其觉无忧。其神纯粹，其魂不罢，虚无恬淡，乃合天德。

他活着像是漂浮、浮游（在云气或水面上，在以太或宇宙基本粒子之中，或在万物万象的根本、本源——伟大虚无之中），他的死亡像是安宁地休息下来。他不必思虑焦灼，不预为盘算。他有光辉但是并不耀眼，有信用但是并不呆板。他睡着了不会有梦幻梦魇，醒过来也就无忧无愁。他的精神纯粹完整，他的灵魂永不疲惫，虚无恬淡，合乎天生的德性。

『其生若浮』？这个说法咂摸起来似乎不无悲凉。浮生浮生，『浮生若梦，为欢几何』，李白这句名言就是来自庄子讲的这个其生若浮。什么是浮呢，古说就是顺流而走，就是随波逐流，就是对一己的愿望、希冀、奋斗、努力的全然放弃，就是走到哪儿说到哪儿，就是对外部世界保持一种随他去随他爱咋着咋着，let it be——随他娘的去的态度。这样的态度的选择当然并非无因，人算不如天算，机关算尽太聪明，反误了卿卿性命，搬起石头砸自己的脚，有意种花花不活，无心插柳柳成荫，以及种种歪打正着的故事太多了。这个说法使人清醒，也使人灰心。因之取消一切志向、

价值、作为，又似乎太绝对了。

『其死若休』，这倒比较自然与容易做到。幽他一默，到了若休的时候，那不是休的问题，而是不休也不能了呀。

至于说『虚无恬淡，乃合天德』，这话有点意思，读之有清凉解表的疗效。适当地淡化生活，淡化欲望、愿望，可能对减除焦虑、压低心火、调节心态与人际关系，过一种相对逍遥自在的生活有好处。庄子的药方之一就是淡化，我辈庸人，相对来说还是活得太浓太咸太辣太齁得慌啦。

> 故曰：悲乐者，德之邪也；喜怒者，道之过也；好恶者，德之失也。故心不忧乐，德之至也；一而不变，静之至也；无所于忤，虚之至也；不与物交，淡之至也；无所于逆，粹之至也。故曰：形劳而不休则弊，精用而不已则劳，劳则竭。水之性，不杂则清，莫动则平，郁闭而不流，亦不能清，天德之象也。故曰：纯粹而不杂，静一而不变，淡而无为，动而以天行，此养神之道也。

所以说，悲哀与快乐，都是偏离了德性的正道；喜欢与愤怒，都是背离了大道的原旨；好感与厌恶，都是迷失了德性。而心胸里并没有什么忧愁快乐，这才是德性的真正到位；保持前后一贯而决不变易无常，这才是静笃的到位；与万物无争无悖，这才是虚冲的到位；不与外界万物打什么交道，对外界无求无待，这才是恬淡的到位；没有什么违逆冲突，这才是纯粹的到位。所以说，形体劳累了而不及时休息就会垮台出毛病，精神用得太多而不知停歇就会疲劳，疲劳多了就会枯竭。水的特性是，只要没有杂质就自然是清纯的，只要不去搅动它就必然是平匀的，你堵住它的去路了，它也就无法流动了，同样也不能清纯了，这正是天赋天然的道理与现象。所以说，人的生活与精神世界一样，要做到

清纯精粹而不会杂乱，要做到静安专一而不会东变西变——老是踏实不下来，要恬淡无为，一切随天道、天机、天象而自然运转，这才是养护精神之道之方啊。

以养水喻养神，既要静，又要流动，不可郁闭，就是说，最大限度地追求稳定与平安，减少欲望与焦虑，同时，听其自然，导其自然自动，不必硬性较劲，其理甚好。庄子还反复地强调节劳的观点，而且不仅是从养生、防病、身体健康的观点来看节劳，这也是一个世界观的问题。简化一点说，过劳，是世界观不对头的表现，是过高估计了自己的主观作用的结果，是野心、私心、自我中心、急躁、空谈、愚执、虚火、欲望、不自量、好表现等庸人通病所造成。此说或不无片面，仍然值得深思。

> 夫有干越之剑者，柙而藏之，不敢用也，宝之至也。精神四达并流，无所不极，上际于天，下蟠于地，化育万物，不可为象，其名为同帝。纯素之道，唯神是守。守而勿失，与神为一。一之精通，合于天伦。野语有之曰：『众人重利，廉士重名，贤士尚志，圣人贵精。』故素也者，谓其无所与杂也；纯也者，谓其不亏其神也。能体纯素，谓之真人。

说是有一把吴越宝剑，把它装到匣子里，小心翼翼地珍藏起来，不敢随便使用，真是珍贵极了。颇似宝剑的是人们的精神，能够四面八方纵横驰骋，无处不可挥舞盘旋，尽显威风。这样的精神，往高处走到达天边，往低处走盘桓于大地，接天连地，化育万物，不显痕迹，它与上帝同格——即具有相同或相似的概念、内涵、效用与威力。纯粹朴素的大道，只有在精神中才能得到保持与坚守（或只有遵循这样的大道，才能守护好自己的精神）。得到保持坚守而不会失落丢弃，这样的大道就能与精神合而为一。这种融合足够精粹，圆通无碍，就合乎天道的运行与天象的格局。

老百姓有话：『一般人注重物质利益，清高人物注重名誉影响，贤士注重的是自己的志趣即价值追求，圣人呢，注重的则是精神。』所以说，朴素是不被杂质所搀杂、玷污的意思，纯洁是精神不被亏损伤害的意思，能够做到以上的朴素与纯洁，就是真人啦。

在道家的语言中，真人是半人半仙之体，所以庄子被后世封为南华真人。而在《红楼梦》的续作中，贾宝玉也获得了『文妙真人』的诰封。神仙人物，已经不可用此岸人间的名号、逻辑来讨论和分析了。

精神如宝剑，首要的是收藏。这是非常中华的观念。春种夏耘秋收冬藏，冬不藏精，春必春瘟，还有什么深藏（深潜）不露云云，这些说法证明，对于中华人士来说，藏占有一个特别的，说不定是结论性的地位。这很可能与中华农耕文明的发达有关。前边说的春夏秋的农事、春夏秋的种种活动，都为的是冬天藏好。

相对来说，中国人缺少西土的张扬、锻炼、挑战、应战、竞争、冒险与在这样的锻炼竞争中发展的主张与观念。这种藏的观念中，带有禁欲主义与尚阴谋的成分，也表现了人们普遍推崇的谦虚退让谨慎、如临深渊、如履薄冰的风格。例如，西人普遍认为性爱有利健康，而中土之人包括中医，都将节欲藏精视为养生要义。同样财富亦是如此，中土注意的是节省，是勒紧裤带，西方注意的则是拓展与消费。为人的举止风度，中土不喜欢锋芒外露，不喜欢过于外向，不喜欢口若悬河，不喜欢『能不够』，不喜欢动辄抢到头里，而喜欢喜怒不形于色，喜欢莫测高深，喜欢以柔弱胜刚强。

用宝剑比喻人的精神，这也是此段的特色之一。却原来，人的宝贵在于他的精神，精神如同宝剑，可以上天入地，可以抵达四方，可以寒光闪闪，可以削铁如泥，可以取敌首级于千里之外，可以预言警示（古书上有宝剑铮铮发声预警的故事）。但宝剑的长处正是它的短处，它太锋利，太杀气腾腾，它能劈金断玉也就能损尖伤钢，太锋利了也就更加容易卷刃。所以愈是宝剑宝刀，愈要注意保存收藏，不可轻易外露，不可轻用。一个富有智慧、反应机敏、境界宏大、志气高远的人，不应该轻用自己的精神力量，不应该不懂得保存收藏、韬光养晦的重要性。世上有多少这样的人，资质并非很差，却斤斤计较于个人得失，耿耿于怀于个人进退，嘀嘀咕咕于物我是非，哼哼唧唧于一日之短长，小鼻子小眼儿，鼠肚子鸡肠，你给他们讲个唇焦舌燥，他们却硬是不明白『柙而藏之，不敢用也』的道理。

再有就是纯素的观念。一个纯，一个素，在当今物欲横流、奇巧淫技泛滥之时，颇显宝贵。用《红楼梦》上的语言，现时就是到处『烈火烹油，鲜花着锦』，大自然受到极大伤害，人的原生美质，诸如健康、膂力、纯朴、善良等等日益丧失，用老子的说法就是『五色令人目盲，五音令人耳聋，五味令人口爽，驰骋畋猎令人心发狂，难得之货令人行妨』（第十二章），此时讲讲纯素，确有几分理想主义的魅力。即使仅仅从文学的观点来看，一个本真的人，素洁的人，纯粹的人，而不是包装得令人头晕，美容得令人走眼，炒作得令人闹心的人，该是多么可爱呀。

老王说：刻意不取，志在纯素。锋芒掩盖，宝剑收藏。与神合一，与天同行。不逆不杂，无悲无喜。反复思量，心明气爽。益寿延年，身轻体康。淡然无为，众美泱泱。

对于高士的形容比较幽默，其实相当挖苦。庄周的道行，深啦，学庄，可以少上点当噢！